ネットで楽しく英語コミュニケーション

ネットで使える表現集のCD付き

松本青也［編著］
ジェニファー・マギー／ダン・モルデン／野口朋香［著］

大修館書店

はじめに

　英語学習に理想的な環境といえば，どんな状況が目に浮かびますか？おそらく英語圏での留学生活でしょう。英語の授業の合間にも，カフェテリアで英語のおしゃべりが楽しめます。寮に帰っても，近くのドアをノックすれば，すぐに英語のわからないところを教えてもらったり，英語で話し込んだりできます。でも，留学をするには，何年も前から計画を立てて，お金をためて，TOEFLを受けて，学校を休んで，仕事を辞めて…と，大変な決心が必要です。

　ところが，それと同じような状況が，今日にでも，すぐに手に入るのです。ネットを使いさえすれば，留学先の授業のような内容を読んだり聞いたりできるのはもちろんのこと，カフェテリアや寮で友達とするようなおしゃべりも，ヘッドセットとカメラを用意するだけで，いくらでも楽しめるのです。それなのに，実際そうやって英語でコミュニケーションをしている人は，ほんのわずかしかいません。なぜでしょう？　そんなことができるとは知らなかったという人もいるでしょうが，ほとんどの人は，知っていても恥ずかしいから，自信がないから，何を話せばいいかわからないから，とてもそんなことをする気にはなれないようです。ネットで実際に話してみたことはあるが，もうこりごり，という人も多いようです。

　確かにその気持ちもわかります。相手が話しかけてくる英語がさっぱり聞き取れなくて聞き返すばかりでは，申し訳ないやら情けないやらで，二度とごめんだと思うのはもっともです。言いたいことはたくさんあるのに，英語でどう言えばいいのかが思い浮かばなくて，シドロモドロのでたらめな英語を口走っている自分がみっともなくて自己嫌悪に陥ってしまうのです。

　でも，英語は使わなければ，いつまでたっても使えるようにはなりません。しゃべらなければ，絶対にしゃべれるようにはならないのです。逆に毎日なんとか英語を使ってさえいれば，必ず英語が使えるようになります。ともかく毎日何かしゃべってさえいれば，絶対にしゃべれるようになるのです。

この本は，英語をしゃべろうにも，相手がいない，相手がいても自信がないし，恥ずかしいし，何を話せばいいかわからないという人のために書かれたものです。自宅のパソコンを使って，無料で相手を見つけ，自信を持って，思う存分英語のコミュニケーションを楽しめるようになるための本です。

　この本は対策篇，準備篇，実践篇，演習篇の四部構成になっています。対策篇では，皆さんが英語にどのように向き合っているかをはっきりさせて，どうすれば前に進めるのかを考え，ネットを使って効率的に英語を習得する画期的な方法を紹介します。準備篇では，英語力に自信がない人のために中学英語のポイントを復習してから，準備としてメールアドレスの取得とプロフィール作成のお手伝いをします。実践篇では，ネットを使った4つの方法のそれぞれについて実践的なノウハウを手ほどきします。そして最後の演習篇には，ネットを使って英語コミュニケーションを楽しむために必要な英語表現が自然なダイアログ（対話）の形でまとめ，すべて付属のCDに収録しました。このダイアログは，CDを聞いているだけで大切な英語表現が効率的に身につくように工夫してありますので，通学や通勤の時間なども利用してゲーム感覚で練習してください。

　英語を使って外国の人や文化に触れることは，趣味としても仕事としても，実に楽しいことです。さあ皆さん，この本を読んで海外に友達の輪を広げ，世界の人たちとの触れ合いを，思う存分楽しんでください。

2009年9月

松本青也

●目次

はじめに………iii

対策篇　3

Ⅰ．あなたが今までネットで英語を使わなかった理由と対策………4
Ⅱ．実証済み。ネット活用はこんなに効果的………8
Ⅲ．楽しみながら英語コミュニケーション能力を育てる方法………12
　1　まずは受信（INPUT）：いろいろなことに関心を持とう！
　　　………12
　　　Reading／Listening
　2　受信（INPUT）から発信（OUTPUT）へ：心が動いた表現を覚えてしまおう！………16
　　　驚いたこと／感心したこと／同感したこと／表現集の例
　3　すぐに発信（OUTPUT）：覚えた表現をすぐに使ってみよう！
　　　………26
　　　Writing／Speaking
　4　語彙の増やし方………28
　5　文法の活用法………30
　　　　　　　　　　　　　　●対策篇のまとめ………31

準備篇　33

Ⅰ．自信を持とう………34
　1　英語の特徴を確認しよう………37
　　　ものの表し方／時の表し方／言葉の並べ方／仮定の表し方
　2　決まり文句を覚えよう………46
Ⅱ．話題を増やそう………46

Ⅲ．準備を始めよう……….47
　1　方法……….48
　2　サイト……….48
　3　まずはこれだけ……….50
　　❶メールアドレス　50
　　❷プロフィール　52
　　❸セキュリティー　59
　　　　　　　　　　　　●準備篇のまとめ……….61

実践篇　　　　　　　　　　　　　　　　63

Ⅰ．より取り見取り，4つの方法……….64
　1　メール……….64
　　❶手紙との違い　64
　　❷サンプル　64
　　❸サイト紹介　66
　　❹やり取りを止める時　66
　2　テキストチャット……….69
　　❶メールとの違い　70
　　❷文字による会話の進め方　71
　　❸サイト紹介　85
　3　ボイス／ビデオチャット……….86
　　❶音声による会話の進め方　87
　　❷サイト紹介　91
　4　ブログ……….93
　　❶ブログの楽しみ方　93
　　❷サイト紹介　93

Ⅱ．困った時はこう言おう……….94
　1　急に切られてしまった……….95
　2　沈黙が続く……….95

3　性的な会話をされた………96
　　4　写真が見たいと言われた………96
　　5　ボイスチャットをしようと言われた………97
　　6　メールアドレスを聞かれた………98
　　7　出会い目的のことや下品なことを言われた………98
　　8　会いたいと言われた………99
　　　　　　　　　　　　●実践篇のまとめ………100

演習篇　　　　　　　　　　　　　　　　　　　　　　101

Ⅰ．基本的な表現を身につけよう………103

　1　概念（物事について言う）………104
　　　時を表す／過去のことと今のことを同時に言う／将来のことを言う／空間を表す／数を表す／比較する／仮定する／状況が生まれるようにする／説明を後から付け加える／理由を表す／受身を表す

　2　機能（人間関係をうまく保つ）………112
　　■話をうまく運ぶ………112
　　　挨拶に応える／適切な受け答えをする／あいづちを打つ／確かめる／意味を聞く／わからないと言う／話題を発展させる
　　■自分の思いを伝える………119
　　　希望を伝える／感謝する／謝る／約束する／提案する／人の行動について自分の判断を伝える
　　■相手を認めて優しくする………122
　　　祝う／ほめる／慰める／許可を求める／幸運を祈る／相手のことを心配する／申し出る／励ます／忠告する／同意する
　　■行動を促す………127
　　　誘う／頼む／助言を求める／相手に任せる
　　■言いにくいことを言う………129

　　　　非難する／苦情を言う／反対する／断る
　3　感情（気持ちを伝える）……….131
　　　　喜ぶ／怒る／驚く／悲しむ／残念に思う／落胆する／後悔する／安心する／恥ずかしく思う／謙遜する／羨ましがる
　4　場面（チャットをする）……….138
　　　■最初……….138
　　　　挨拶／あらかじめ相手に配慮する／相手の声が聞き取りづらい
　　　■途中……….141
　　　　適切な受け答えをする／聞き取れない時／意味がわからない時／どう言えばいいかわからない時／英語について聞く／自分の英語について聞く／こちらの事情を理解してもらう／チャット中の出入り／断りたい時／パソコンについて
　　　■最後……….153
　　　　チャットを終わりたい時／締めくくりの言葉
Ⅱ．話題を増やそう……….154
　　　■自分のこと……….155
　　　　基本的な情報／友達／飲食物／生活／所属先／趣味／結婚・家族
　　　■日本について……….162
　　　　地理情報／文化情報／社会情報（長文）

おわりに……….166

付属CD
　　吹き込み者：ジェニファー・マギー，ダン・モルデン，水月優希

ネットで楽しく
英語コミュニケーション

対策篇

ネットが可能にした
最新英語習得法

　英語が使えるようになりたいと思っているのに，なかなか勉強が始められないという人はたくさんいます。ただ思っているだけでは，いつまでたっても始まらないのです。始められなかった原因に応じた対策を立て，ともかく英語を使い始めてみることです。

　幸いインターネットを利用すれば，とても楽しく英語が習得できるようになりました。すでにその方法で成果を上げている人がどんどん出てきています。この画期的な方法を取り入れて，ぜひ皆さんも毎日英語でコミュニケーションを楽しみながら，英語力を飛躍的に伸ばしてください。

I. あなたが今までネットで英語を使わなかった理由と対策

　ネットを使えば無料で英語のおしゃべりができることは知っていたのに，そして英語のおしゃべりができるようになりたいと思っていたのに，今まで始めなかったのはなぜでしょうか。その理由をはっきりさせて対策を講じなければ，いつまでたっても何も始まりません。

　あなたが始めなかった理由は，具体的に次のどれに当てはまりますか。よく考えて，該当する対策をすぐに実行してください。

▶英語力がないので，英語を話し始めると，シドロモドロになってしまう。
　　⇨対策 **A**
▶相手の英語がよく聞き取れないのに，わかったふりをするのが空しい。
　　⇨対策 **B**
▶何とか話せるが，間違いが多いので恥ずかしい。恥をかくのはいやだ。
　　⇨対策 **C**
▶日常会話なら何とかなるが，それ以上のことは難しくて話せない。
　　⇨対策 **D**
▶英語をカッコよくしゃべれるようにはなりたいが，勉強が続かない。
　　⇨対策 **E**
▶英語母語話者が一方的に得をすると思うと，どうも勉強する気になれない。
　　⇨対策 **F**
▶いつも英語を勉強しなければと思ってはいるが，なかなか始められない。
　　⇨対策 **G**

A 　中学の3年間で習う程度の英語が身についていないと，わからないことが続出して，とても楽しめる気分にはなれません。そういう人は，まずこの本の準備篇で英語の基礎をしっかり復習してから実践篇や演習篇に進んでください。CDにも入っているいろいろな表現が反射的に出てくるようになれば，しめたもの。あとはどんどん使って慣れるだけです。

B リスニングが苦手な人はたくさんいます。確かに放送などの英語は自分でコントロールできませんから，聞き取れなければどうしようもありません。そういう人は聞き取る力を効率的につける方法（☞ p.13）を実践してください。必ず聞き取れるようになります。それに，ボイスチャットなら，相手に聞き直したり，ゆっくり言ってもらったりすることができますから，演習篇にある表現を使えば，すぐにでも会話が楽しめます。

C 英語をしゃべるのが恥ずかしいという人は，ずいぶんたくさんいます。色々な国で英語を教えた人に聞くと，たいてい，日本人は世界で最も「恥ずかしがる」部類に入ると言います。集団の中で周りと同じであることが大切で，少しでも違っていたり劣っていたりするのが恥ずかしいのです。人目がとても気になるのです。でも，英語は外国語です。母語である日本語が間違いだらけなら，確かに恥ずかしいことでしょうが，外国語の優劣など，今までどれだけ勉強をしてきたか，どんな環境にいたかの結果に過ぎません。他の科目に費やす時間を英語に回していたのなら，英語ができるのは当たり前です。英語圏に住んでいたなら，ペラペラなのは当たり前です。いくら英語ができる人でも，たとえばポルトガル語となると，さっぱりできない人がほとんどです。ギターが弾ける人は，それだけの時間を練習に費やしたからで，ビリヤードがうまい人は，青春時代に棒で球を突いてばかりいたのです。ただそれだけのことなのです。ギターが弾けないから，ビリヤードがうまくないからといって，恥ずかしいですか？　どんな外国語をいつから，どれくらいの時間をかけて習得するかも，自分で決めることです。英語の習得にまだそんなに時間をかけていないのなら，間違うのは当たり前。恥ずかしいとか，恥ずかしくないとか，そんな問題ではないのです。恥ずかしがって英語を避けていたあなたは，全く見当はずれな理由で，英語を避けていたのです。使わなければ，いつまでたっても使えるようになるはずがありません。堂々と間違えて，どんどん英語を使えばいいのです。

D 　中学で学習する内容が身についていれば，日常会話は何とかなります。身の回りのことについて簡単なやり取りはできるのです。しかし日本語での会話を考えればわかることですが，親しくなるにつれて，会話は次の段階に進みます。つまり，色々な話題についてあなたの考えを伝える必要が出てきます。そうなるとお手上げの人が多いのです。基本的な決まり文句を知っているだけでは，会話は続きません。自分の考えや経験など言える話題を，たくさん増やせば増やすほど，会話は弾みます。しかしそれは簡単なことではありません。話題は無限にありますし，英語で読んだり聞いたりしたという記憶が残っていても，英語自体はさっぱり思い出せないものです。かといって，英語の勉強だけにそれほど多くの時間を費やすこともできません。そうなると，自分の考えや経験など言える話題をいかに効率的に増やすかが最も大切になってきます。その方法は後で詳しく説明します（☞ **p.16**）ので，それを参考に，なるべくたくさんの話題について話せるようにすることです。

E 　英語をカッコよくしゃべれるようになりたいというのは，多くの日本人に共通した夢と言えるでしょう。日本人は，英国やアメリカの力を骨身にしみて感じています。強いもの，新しいもの，便利なもの，真実なもの，楽しいものは，たいてい英語が運んでくれたと思っているからです。中学・高校で学べる外国語も，他の多くの国では複数の外国語から選択させていますが，日本ではほとんど英語だけです。日本人にとっては，英語だけがひときわ輝いているので，その英語をうまくしゃべる人は，それだけでカッコよく，憧れの対象になるのです。英語は超一流ブランドのバッグのようなものです。さりげなく持ち運んで，羨望の視線を一身に浴びて，いい気分になりたいのです。でも，そのバッグに何を入れて運ぶかはまったく考えていません。スピーチコンテストで優勝した生徒のきれいな発音に感激したアメリカ人の審査員が，後で話しかけたら，笑顔だけで英語が返ってこなくて驚いたという話を聞いたことがあります。見栄えをよくしたいからバッグを持っているだけで，運んでやり取りする中身には興味がないようでは勉強が続くはずがありません。いったい英語というバッグを使って，何を運びたいのか，何をやり取りしたいのかをよく考えてみてください。必要なのは，バッ

グを見せびらかしたい知的虚栄心ではなく，運ぶ中身に対する知的好奇心なのです。知的好奇心をいっぱいにふくらませば，必ず勉強が続けられます。

F 確かに英語でコミュニケーションをすれば，英語母語話者は一方的に有利で，私たちは圧倒的に不利な立場に立たされます。そういう形を強制しようとする権力に対しては，私たちは断固として母語でコミュニケーションをする権利，つまり言語権を主張すべきです。生まれた所が，たまたま英語圏でなかったというだけで，大きな不利益を被るとしたら，それは言語差別であり，絶対に許してはならないことです。しかしそれと，外国語を自ら進んで学ぶこととは別です。外国語を学ぶことで私たちは自分の言語と思考の幅を広げることができます。異質なものに心を開いて多くを学ぶことで，自らを豊かにすることができます。私たちが外国語を学ぶのはそのためなのです。たまたま生まれたところが英語圏であった人たちは，自分の母語が世界で通用するために外国語の学習意欲が乏しく，せっかくの機会を逃している人が多いのです。だとすれば，英語圏に生まれなくてよかったと思えるくらい，外国語から多くのものを学び取りましょう。それは負け惜しみではありません。EUでは母語プラス2言語を身につけようと呼びかけています。英国やアメリカでも，外国語学習の必要性にやっと気づいて，現在では，一昔前には考えられなかったほど外国語学習に力を入れ始めています。英語母語話者であろうとなかろうと，自ら言語と思考の幅を豊かに広げるために外国語学習に取り組む，多言語多文化共生の時代を迎えようとしているのです。強制されてしぶしぶ，という消極的な姿勢ではなく，自分を豊かにしようという積極的な気持ちで英語を楽しみましょう。

G 英語よりも，他にもっと自分に大切なこと，しなければならないことがあって，それをしているなら，なかなか英語の勉強が始められないのは当然で，何の問題もありません。しかし，あなたにとって英語の勉強が最優先課題のひとつで，本当に必要なのに始められないとしたら，1日も早く生活を変えることです。よく使われるたとえですが，私たちはみな時間という同じ大きさのバケツを持っています。1日は誰でも24時間です。その

バケツに私たちは毎日の仕事として小石と岩石を入れようとします。ただ，どうしても小石はつまみやすいので，ついそちらを先に入れてしまうのです。帰り道にあの店を覗いてみよう，あの人に会ってみよう，あの雑誌の記事を読んでおこう，あのメールの返事を送ろう，あのドラマを見よう，あの歌をダウンロードしよう，など，気軽にできることはたくさんあるので，そればかりを入れてしまいます。そうやってバケツの底に小石がいっぱいたまってから，やっと後回しにしていた重い仕事，つまり岩石を持ち上げて入れようとしますが，小石が邪魔で岩石がはみ出してしまって入りません。まあ，いいか，明日にしようかとあきらめますが，明日になるとまた同じことの繰り返しで，結局いつまでたっても岩石は外に残されたままなのです。では，どうすればいいのでしょう。簡単なことです。まず家に帰ったら，一番先に大切な岩石をバケツに入れてしまうのです。その後で，隙間に小石を好きなだけ入れればいいのです。最初にしなければいけないことを最初にする。ただそれだけのことです。今まで惰性になっていた生活習慣を変えるための，ほんの少しの勇気。その勇気が出せれば，あなたの生活はまさに一変します。やりたかったことがどんどんできるようになります。自分が望んでいたように，どんどん変わっていきます。成長していきます。過去と他人は変えられませんが，自分と未来は，気持ち次第でいくらでも変えられるのです。変化を起こす，ほんの小さな勇気。この本を読んだ今を契機に，ぜひその変化への勇気を出してください。

II. 実証済み。ネット活用はこんなに効果的

　インターネットが普及したおかげで，世界各地の人とのコミュニケーションがとても簡単にできるようになりました。ほんの十数年前までは，英語を書いたりしゃべったりしようにも，相手がいませんでした。定期的に相手をしてもらうには，何十万円も払って英会話学校にでも行くしかありませんでした。それが今では，ネットに接続さえしていれば，全く無料で，いつでも，好きなだけ英語コミュニケーションが楽しめるようになりました。そして，

当然のことながら、今までとは全く違った、新しい英語習得法も生まれてきたのです。それは、毎日英語コミュニケーションを楽しみながら、知らず知らずのうちに英語力がついてくる方法です。その具体的な方法は次項で説明しますが、その前にまず、実際にネットを活用して英語力を伸ばした人の体験を聞いてみましょう。

最初の人は、大学に入ってすぐに筆者（松本）の授業を受けた渡邉さんです。彼女はその授業で紹介したネットを活用した勉強法を実践して、10月までの半年間でTOEICのスコアを390点伸ばしたことを、2年生になってからの授業で次のように報告してくれました。彼女はその後、3年生になった5月に910点を取得しています。

> 授業と関係の無い事なのですが、一度先生にお礼を言いたくて…。少し書かせていただきます。私は今言コミ（注：言語コミュニケーション学科）2年に在学中なのですが、1年の前期に受けた授業で先生に教えて頂いたネットでの英語学習をずっとやり続けて、TOEICスコアが入学当初の470点から去年の10月に受けたTOEICで860点まで伸びました。特にリスニングの伸びがよく、その伸び方も先生が授業中に仰っていた通りで（シナプスの増加とか）、本当に続けてやって良かったなと思っています。ネットでも、日本にいても十分英語学習できるんだ！という事を痛感しました。この報告をメールにつけるかつけないか結構迷ったのですが、でもやっぱりこうやって効果があったという事だけは先生にお知らせしたくて付け足しました。これから学習する人達にも勧めたいです。ありがとうございました！
>
> （渡邉沙央里さん。原文のまま）

次の人は、私のゼミの学生で4年生の時にTOEICで965点という高得点を取りました。彼女は大学に在学した4年間、留学にも英語学校にも行かず、授業とネットだけで勉強したのですが、後輩にその学習方法を教えてくれないかと頼んだところ、次のような体験談を寄せてくれました。

英語の学習法と聞いて，皆さんは何を思い浮かべるでしょうか？　留学，英会話学校，教材…様々な方法がありますが，どれもお金がかかり，多くは「時間が無い」という理由で投げ出してしまうようなものばかりではないでしょうか？　私は中学校から大学を卒業する現在に至るまで，様々な英語学習法を試してきました。その中でも，最も有効的だったものが1つあります。この方法には，特別な料金は必要ありません。また，時間や場所を選ばないため，どんな人でもすぐに実行可能です。私は大学四年間，この学習方法を実践した結果，入学当時は600点台だったTOEICで，965点を取れるまでに成長することができました。そんな夢のような方法が，インターネットを利用した学習なのです。

　一口にインターネットと言っても，多種多様な方法での活用が可能です。例えば英語のウェブサイトを読んだり，画像を見たりするだけでも，リーディングやリスニングの訓練になります。こうした勉強法も十分有効ですが，私がお勧めしたいのは，海外のペンパルとの交流です。これは，「実際に英語を使って身につけたい」，という人には最適な方法です。インターネットを利用すれば，簡単に海外のペンパル（文通相手）を見つけ，メールやチャット，無料電話を利用し，交流することができるのです。私の場合，まずはJapan PenFriendという，日本に興味のある外国人向けのサイトに登録し，ペンパルを募集しました。たくさんの人からメールを受けた私は，真剣に日本について学びたいという人と，e-mailを交換するようになりました。そして，中でも本当に仲良くなった人とは，MSNやYahoo!のメッセンジャーで，チャットを始めました。まだ英語に自信の無い人でも，e-mailであれば簡単にやりとりが可能です。メールに慣れ，ある程度の自信がついたら，今度はチャットで，よりスピーディな「英語のやりとり」を練習することができます。文字で会話できるようになれば，電話での会話にもそれ程抵抗を感じなくなるはずです。私も1・2ヶ月を過ぎた頃からSkype（インターネットの無料電話サービス）を利用し，仲の良いペンパルと直接電話で話すようになりました。始めこそ，会った事の無い人との英語での会話に，抵抗を感じましたが，すぐに慣れてしまいました。また，webカメラを利用し，

相手の顔を見られるようになったことから，より実際に対面しているのに近い状態で会話が出来るようになりました。こうして「英語学習の一環」として始めたペンパルとの交流でしたが，今では生活の一部となっています。また，仲良くなったペンパルの中で，日本を訪れた友人とは，実際に会うこともできました。元はインターネットのメールから始まった交流ですが，こうして実際に相手に会う機会にも恵まれ，自分の世界を広げるきっかけにもなりました。

　ペンパルとの交流の利点は，単なる英語能力の向上だけではないということです。サイトに登録すれば，世界中の様々な国の人からメールが送られてきます。この時，英語の学習のためだから…と，英語圏の人だけを選ぶことはお勧めしません。折角なのだから，英語圏以外の人とも交流してみて下さい。英語圏以外の国でも，英語での会話が可能なペンパルはたくさんいます。その上，相手が英語のネイティブでない方が，「自分が英語を教えてもらっている」という負い目を感じることなく，「英語を通じて交流している」という感覚でやりとりできる，といった利点もあります。また，各国のペンパルを通じ，今まで触れる機会の無かった文化や言語を知ることは，自分の視野を広げ興味を深める，素晴らしいきっかけともなります。私は，スペイン，香港，スコットランド，フィリピン，アメリカ，モロッコ，カナダ，フランス…といった様々な地域のペンパルから，その国の文化や言語を学び，知識の幅を大きく広げることができました。

　このように，インターネットを利用すれば，留学や英会話学校のようにお金をかけることなく，充実した学習環境に身を置くことが可能です。言語の学習で何より重要なのは「続けること」です。インターネットを利用し，毎日英語を利用する習慣が身に付けば，着実に能力を磨くことができるはずです。世界中のペンパルとの交流を通じ，楽しみながら学習することで，英語能力を磨いてみてはいかがでしょうか？

（度会知佳さん。原文のまま）

　筆者の学生には，1年生のときからこうしたネットを活用した学習法を教

えていますので，英語力をどんどん伸ばす学生が増えています。

　さあ，それでは，具体的にどうやって英語力を伸ばせるのか，その方法を簡単にご紹介しましょう。

III. 楽しみながら英語コミュニケーション能力を育てる方法

　コミュニケーションは受信（INPUT）と発信（OUTPUT）で展開されます。受信にはReadingとListening，発信にはWritingとSpeakingがありますが，この4つの技能を偏りなく伸ばしていくことが理想です。ここでは，最近になって初めて可能になった画期的な方法，つまり，ネットを活用して楽しく効率的にコミュニケーション能力を伸ばす方法をご紹介します。

1. まずは受信(INPUT)：いろいろなことに関心を持とう！

● ──Reading

　読解力をつけるには，2通りの読み方，精読と速読が必要です。まず英文の隅々まで理解しようとする精読で，文の仕組みや文法事項を確認しながら何度も音読して下さい。おそらく学校の教科書は，そうやって精読したはずです。しかし，この読み方だけでは，実際のコミュニケーションはうまくできません。「速さ」がまったく無視されているからです。コミュニケーション能力をつけたければ，速読の練習が欠かせません。自分にとってそんなに難しくなくて，話題も興味が持てる英文を選んで，ともかく速く読んでください。速読のコツは，日本語に訳して意味をわかろうとしないで，英語のまま，しかも英文の順序のまま，意味を取るクセをつけることです。最初は慣れなくて，わかったような気がしませんが，しばらく続けていると，必ず慣れてきます。慣れてみると，この方法が一番楽なのです。

　速度の目標は，毎分200語（理想は300語）と決めて，時々計ってみましょう。実はこの速度が，自然なコミュニケーションにはとても大切なのです。読む速度というのは，自分で英語を処理する速度です。それが遅いと，Listeningでも聞こえてくる英語の速度についていけなくて，聞き取れない

のです。

　それでは，Reading が楽しめるサイトをいくつかご紹介しましょう。★

▶**Yahoo! KIDS** <kids.yahoo.com>：英語圏の小学生を対象にしたサイトで，映画，音楽，スポーツ，ゲーム，何でもあり。特に"STUDY ZONE"がお薦めです。

▶**TIME for Kids Online** <timeforkids.com/TFK/>：これも小学生対象。記事が豊富です。

▶**The New York Times Learning Network** <nytimes.com/learning/>：英語圏の中・高生対象。記事の上にある Knowledge Tools を使えば，記事の中の難しい単語や地名をクリックするだけで，辞書の説明や地図が現れます。

▶**It's My Life** <pbskids.org/itsmylife/>：英語圏の中・高生対象。子どもたちが抱える様々な問題や悩みについて話し合おうとする，子どもに密着したサイトです。

▶**Project Gutenberg** <gutenberg.org>：著作権が切れたアメリカの文学作品を中心に，漱石の『坊っちゃん』まで2万点近くがダウンロードできます。

▶**The Japan Times Online** <japantimes.co.jp>：日本のニュースなら何でもそろっています。キーワードで10年以上さかのぼって記事検索ができますし，簡単な無料登録でさらに詳しい検索もでき，毎日主な記事を知らせてくれる無料メールサービスも受けられます。

▶**CNN** <cnn.com>：世界の「今」を知るなら，何といっても速報性に優れたCNNです。過去の記事検索もしっかりしていますし，放送局だけあってビデオも充実しています。

●────**Listening**

　英語が聞き取れないのは，主に3つの理由のためです。一番多いのが，英

───────────────────────
★この本で紹介するサイトは，最もお薦めできるものの一部です。この他の多くのサイトについては，松本青也著『英語は楽しく使うもの』（朝日出版社）を参照してください。

語の音そのものに慣れていないことです。どうも自分は英語を聞き取る才能がないなどと思っている人は，胸に手を当てて，一体英語母語話者の英語を今までにどれだけ聞いたかを考えてみてください。注意を集中して，毎日のように聞きましたか？ そうでなければ聞き取れるようになるはずがありません。逆に次のような方法で毎日聞いていれば，誰でも必ず聞き取れるようになります。

①7～8割はわかるレベルで，スクリプト★のついた教材を選ぶ。
②わからなかったところは3度まで繰り返して聞いて，それでもわからなければスクリプトを見て，聞き取れなかった原因を確認する。
③聞き取れなかった部分を中心に何度もマネをして発音してみる。最初は後について発音し，次に同時に発音する。

　このやり方をすると，聞き取れなかった部分の音声イメージをはっきりさせることができます。ただし，すぐに音声処理の新しいネットワークが頭の中に完成するわけではありません。そのために，気の短い人は，もう何週間もやっているのに全く変わらないから，やはり自分には聞き取りの才能がないのだと投げ出してしまいます。しかし，ネットワークの完成までには時間がかかるのです。あせらず気長に毎日練習を続けてください。何ヶ月もすれば，必ず，自分でも驚くほど，聞き取りやすくなります。幸い，パソコンに自分の好きな英語番組の最新版が自動的に保存されて，いつでも好きなときにパソコンや携帯プレーヤーで聞いたり観たりできるPodcastingも普及しています。通学・通勤時間を利用して，毎日無料の英語番組を楽しんで下さい。

　英語が聞き取れない2番目の理由は，速すぎて聞き取れないことです。これは上のReadingのところで説明したように，ゆっくり言語処理をするクセがついてしまっているので，いきなり速い英語を聞くとお手上げになってしまうのです。対策は速く読むクセをつけること，そうすれば必ず余裕を持っ

★ scriptは，放送，映画，劇などの台本のことで，transcriptは音声から文字化したものです。本書ではどちらの場合も短く「スクリプト」としました。

て聞き取れるようになります。

　3番目の理由は，英語の知識が不足しているために勘違いをして聞き取ってしまうことです。文字で見てもわからないことは聞いてもわかるはずがないのですが，聞いているときは，頭のコンピュータが何とか知っているものに置き換えて解釈してしまおうとするので，勘違いをしたまま聞き取れたような気になって，混乱してしまうのです。

　例えば，Let's play cards（トランプをしよう）という表現を知らなかったので，勝手にLet's break carsなどと聞き取ってしまって，「乱暴な人だなあ」と思ったという学生がいました。「え？　変なこと言ってるなあ」と思ったら，たいていこちらが勘違いしているのです。対策はただひとつ，知識を増やすことです。

　それでは，Listeningが楽しめるサイトをご紹介しましょう。

▶**Special English** <www.voanews.com/specialenglish/>：これは絶対お薦めです。外国人向けに，単語は1,500語程度，スピードも約3分の2。豊富な話題で，ほとんどがスクリプトつきですので，聞き取れなかったところを簡単に確認でき，聞き取る力をつけるには絶好のサイトです。Podcastも充実しています。

▶**CNN Student News** <cnn.com/studentnews/>：中・高生対象。毎日10分程度でスクリプトもついています。ある程度英語力のある人向けです。Podcastも楽しめます。

▶**NHK World Daily News** <www.nhk.or.jp/daily/english/>：ビデオつきの日本のニュース。ほぼ同じ内容の記事もありますので便利です。Podcastもあります。

▶**Randall's ESL Cyber Listening Lab** <esl-lab.com>：3段階に分けて，それぞれ40ほどの多量なリスニング教材が揃っていて，自動採点機能やスクリプトもあります。

▶**BBC Learning English** <bbc.co.uk/worldservice/learningenglish/>：英国の英語を学ぶなら，ここに限ります。盛りだくさんの充実した内容で，もちろんPodcastも楽しめます。

Ⅲ．楽しみながら英語コミュニケーション能力を育てる方法

その他，ある程度の英語力がある人は，テレビで放映される海外ドラマや，レンタル DVD の映画なども楽しく利用できます。どちらもまず日本語で見てから，2 度目に英語音声で見ると効率的です。何度聞いても聞き取れなかったところなどは，どうしても文字を確認したくなります。そのような場合は，「"英語のタイトル" transcripts」と入れて検索すると，たいていスクリプトが入手できます。例えば NHK の人気ドラマ『デスパレートな妻たち（Desperate Housewives）』の文字情報は，「"Desperate Housewives" transcripts」で検索すれば，サイトが表示されますので，そこから，無料で入手できます <desperatehousewives.ahaava.com/episodes.htm>。

2. 受信（INPUT）から発信（OUTPUT）へ：心が動いた表現を覚えてしまおう！

　今まで英語の勉強といえば，ここまでの勉強，つまり受信（INPUT）で終わっていました。英語の本や新聞を読んだり，英語の放送を聞いたりすることが英語の勉強だったのです。それは当然のことです。英語は長い間，欧米の進んだ文明を一方的に受信するための道具にすぎず，情報をやり取りするためのものではなかったからです。話し相手がいるわけではなかったので，Reading や Listening で貴重な情報を入手できさえすればよかったのです。しかし今や状況は激変しました。最近になって経済活動が急速にグローバル化し，インターネットなどの画期的な情報伝達手段が登場した結果，英語は実際に外国人とのコミュニケーション手段として多くの人に使われるようになったのです。

　コミュニケーション，つまり情報のやり取りのためには，受信（INPUT）だけでなく，書いたり話したりしなければなりません。自分の意見や感情を文字や音声で発信（OUTPUT）できなければ，コミュニケーションは成立しないからです。しかし，色々な調査★ではっきりしていますが，日本人は

★教育庁（2007）「平成 18 年児童・生徒の学力向上を図るための調査」，国立教育政策研究所教育課程研究センター（2007）「平成 17 年度高校学校教育課程実施状況調査」，国際ビジネスコミュニケーション協会（2007）「国際ビジネスにおいて求められる英語力に関するアンケート」など。

中学生から社会人まで，この「英語を発信する能力」が決定的に不足しているのです。これから日本人が，実際に英語でコミュニケーションをする能力を育てるためには，SpeakingやWritingの発信能力に重点を置いて学習を進めることが必要なのです。

それでは，どうすれば発信能力をつけられるのでしょうか。それには，ともかくまず，発信してみることです。自転車に乗れるようなるには，実際に乗ってみるしかないのと同じように，どんどん話したり書いたりするのが一番なのです。毎日，何度も話したり書いたりしていれば，必ずコミュニケーション能力はついてくるのです。

しかし，英語をどんどん話したり書いたりしなさいと言われても，無理に決まっています。たとえ相手がいたとしても，英語が出てこないからです。しかたなく和英辞典で調べて何とか英文を作っても，間違いだらけで，何が言いたいのか，さっぱりわからないのが普通です。さあ，それでは，どうすればいいのでしょうか。ここで，発信能力を効率的に育てる，とっておきの方法をお教えしましょう。

まず，前項で紹介したようなサイトで，楽しめる内容をどんどん読んだり聞いたりすることです。そしてその時に次の3つの内容に出くわしたら，いよいよ，この方法が始まります。

　①「へぇー！」と驚く内容
　②「なるほど！」と感心する内容
　③「その通り！」と同感する内容

この内容に出会ったら，すぐに本から目を上げて，あるいはCDを止めて，驚いたり，感心したり，同感したりしたことの要点を英語で言ってみて下さい。ところがどうでしょう，今読んだり，聞いたりしたばかりのはずなのに，これが全く出てこないものです。でも，平気です。モデルの英語がすぐ手元にあるので，何度も繰り返して読んだり聞いたりしながら，ともかく何とか内容をかいつまんで言えるようにします。

●———驚いたこと

例えば，**Yahoo! KIDS**（☞ p.13）を楽しんでいて，次のようなQ＆Aに「へぇー！」と驚いたとしましょう。

> Q：What percentage of people are lefties?
> A：... about ten percent of the population is left-handed. ... People also tend to favor one foot, or eye, or ear!

　自分は右利きか左利きかは誰でも知っていますが，利き足，利き目，利き耳はどちらかと聞かれて答えられるでしょうか。でも確かに「片足で立って」と言われて浮かす方の足は決まっていますし，1つのイヤホンをはめる耳も，万華鏡をのぞく目もたいていどちらかに決まっています。驚いた内容を早速英語で言えるようにしてから，表現集にまとめておきましょう。表現集の作り方については，21ページ以降の例を参考にしてください。

　あるいは，2008年のアメリカ大統領選を前に，世界24ヶ国，24,000人以上を対象にした調査報告を読んでいて，次の部分に「へぇー！」と驚いたとしましょう。

> "In fact, in Japan, we had 83 percent of the people we polled saying that they were following the election news very or fairly closely, which compares to 80 percent in the United States. It's just unbelievable," Kohut said.

　さっそくこのことを，友達に伝える気持ちで，顔を上げて言ってみます。最初はさっぱり出てきませんが，何度も上を見たり，下を見たり，要点だけを取り出したり，他の部分の表現を借りてきたりして，何とかこの内容を英語で言えるようにします。そして，言えるようになったら，その英語を表現集に記録しておきます。最初にこの内容の分野，そして次の欄に内容を思い出すためのキーワードをつけておき，覚える必要のない部分には（　）をつけておきましょう。記事の最後にURLや出典を付けておくと，あとでの検

索に便利です。例えば 21 ページの表のようになります。

●───感心したこと

　なるほど！ とか，これはうまい表現だ！ と感心した時も，しっかり記録しておきます。例えば，**Yahoo! KIDS** でジョークを楽しんでいて，Why can't a bicycle stand up? の答えをあれこれ考えたとします。そしてどうしてもわからなくて「？」をクリックすると，Because it's two tired! が出てきます。確かに two と too は発音が同じですし，be tired には「疲れる」という意味と，「タイヤをつけている」という意味があります。「なるほど！」と感心したら，早速このなぞなぞを誰かに言えるようにしてから，表現集に加えておきましょう。

　あるいは，**TIME for Kids Online**（☞ p.13）で見つけた次のような記事を読んでいて，大統領選に向けて民主党候補を決定する段階でオバマ候補と激戦の末，敗れたクリントン候補が，支持者を前にオバマ候補の元での結束を訴えた時の彼女の名文句に感心したとしましょう。

　　Clinton encouraged her fans to move on. "Every moment wasted looking back keeps us from moving forward," she said, her voice echoing throughout the cavernous room, just blocks from the White House. "Life is too short, time is too precious, and the stakes are too high to dwell on what might have been."

　確かにいつまでも過去にこだわっていては，先に進めません。そのことをうまく表現した 2 つの文の内容を，文字を見ないで言えるようにします。そして，これもやはり表現集に記録しておきます。

●───同感したこと

　中学校で勉強した教科書を読み直してみても，ドラマや映画を見ていても，なかなかいい文句に出会うことがあります。本当にそうだなと同感した時は，その内容を早速言えるようにしてから記録しておきましょう。例えば中学 3

年の教科書★に，2000年のシドニーオリンピックでアボリジニ（オーストラリア先住民）の陸上選手として出場し，400mで金メダルを獲得したキャシー・フリーマンの話が出ています。

> Interviewer：What's the best advice that you can give young people?
> Cathy：If we don't believe in ourselves today, we won't achieve our goals tomorrow.

確かにそうだと思ったら，英語で言えるようにしてから，表現集に加えましょう。

あるいは，上述した『デスパレートな妻たち2-9』の中に，次のようなセリフがあります。

> Why do we try to define people as simply good or simply evil? Because no one wants to admit that compassion and cruelty can live side by side in one heart. And that anyone is capable of anything.

本当に，私たちは他人を良い人，悪い人と単純に決めつけがちです。その方がわかりやすくて安心できるからでしょう。これも早速，言えるようにしてから，表現集に記録しておきます。

あるいは新聞を読んでいて，投書された次のような意見に同感したとしましょう。

> Due to the fall in the economy, price increases on daily products and the high costs of schooling for kids, young people are thinking twice before deciding to have kids. My suggestion is to eliminate the tuition fee for kids attending kindergarten and pre-school. Lots of funds are given to

---

★佐野正之，山岡俊比古，松本青也，佐藤寧，ほか34名（2005）. *Sunshine English Course 3*. 開隆堂出版．

other countries out of people's taxes; this is the time for Japan to use more of its taxes for its own people!

　確かに，財源はともかく，幼稚園の学費を免除することは，少子化対策にもなります。これも早速ざっと言えるようにしてから表現集に加えましょう。

●──表現集の例
■初級レベル

分　類	内容の キーワード	英　　文
人体	左右，どちら利き？	About ten percent of the population is left-handed. People also tend to favor one foot, or eye, or ear! <http://kids.yahoo.com/ask_earl>
なぞなぞ	どうして自転車は立てない？	"Why can't bicycle stand up?" "Because it's two tired!" <http://kids.yahoo.com/jokes>
名文句	自分を信じなければ，目標は達成できない	If we don't believe in ourselves today, we won't achieve our goals tomorrow. *Sunshine 3*
…………	…………………… ……………………	…………………………………………………………… …………………

■中級レベル

分　類	内容の キーワード	英　　文
米大統領選	大統領選，見守る，米国80より日本83	In Japan, 83 percent of people are following the American election news, which compares to 80 percent in the United States. <http://edition.cnn.com/2008/POLITICS/06/13/us.poll/index.html>

Ⅲ．楽しみながら英語コミュニケーション能力を育てる方法

分類	内容のキーワード	英文
名文句	短い人生，貴重な時間，過去にこだわるな	Life is too short and time is too precious to dwell on what might have been. <http://www.timeforkids.com/TFK/election08/news.html>
名文句	なぜ人を善人，悪人と決めつける？〜とは認めたくない	Why do we try to define people as simply good or simply evil? Because no one wants to admit that anyone is capable of anything. *Desperate Housewives 2-9*
少子化	高い教育費 →子どもを作るか？ →教育費無料化	Due to the high costs of schooling for kids, young people are thinking twice before deciding to have kids. We should eliminate the tuition fee for kids. <http://search.japantimes.co.jp/cgi-bin/rc20080615b1.html>
…………	……………… ………………	……………………………………………………… …………………

■上級レベル

分　類	内容のキーワード	英　　文
米大統領選	大統領選，見守る，米国80より日本83	In Japan, 83 percent of people are following the American election news very or fairly closely, which compares to 80 percent in the United States, according to a survey(, which questioned more than 24,000 people in 24 countries, including Americans). <http://edition.cnn.com/2008/POLITICS/06/13/us.poll/index.html>

名文句	後ろ向きでは前進できない。過去にこだわっても無駄。短い人生，貴重な時間	Every moment wasted looking back keeps us from moving forward. Life is too short, time is too precious(, and the stakes are too high) to dwell on what might have been. <http://www.timeforkids.com/TFK/election08/news.html>
名文句	なぜ人を善人，悪人と決めつける？～とは認めたくない	Why do we try to define people as simply good or simply evil? Because no one wants to admit that compassion and cruelty can live side by side in one heart. And that anyone is capable of anything. *Desperate Housewives 2-9*
少子化	不景気，物価高，高い教育費→子どもを作るか？→幼稚園等無料化	Due to the fall in the economy, price increases on daily products and the high costs of schooling for kids, young people are thinking twice before deciding to have kids. We should eliminate the tuition fee for kids attending kindergarten and pre-school. <http://search.japantimes.co.jp/cgi-bin/rc20080615b1.html>
…………	……………………… ………………………	……………………………………………………………… …………………

　このようにして，**心が動いた**内容だけを，何とかその場で覚えてしまって，しっかり記録しておくのです。心が動かなかった内容は，記録しても無駄です。記憶に残らないからです。

　この方法は，その場で覚えてしまうというのがポイントです。ですから，面倒だと思う人がいるかもしれません。しかし，実はこれが一番効率的な方法なのです。私たちは小学校や中学校から，結構色々な英文を読んできました。でも一体その内のどれくらいをちゃんと覚えているでしょうか。記憶の跡形もないのがほとんどです。これは実にもったいないことです。例えば，今，英語で自己紹介をしてくれと言われて，気のきいたことが言えますか？　頭

に浮かぶのは，ありきたりの英語，それも自信が持てない表現ばかりではありませんか？　でも，今までに必ず，自己紹介の英語はどこかで見たはずなのです。あるいは，誰かの自己紹介を聞いて，「うまいこと言うなあ！」と感心したことがあるかもしれません。でも全く記憶に残っていないのです。そこで結局シドロモドロの英語しか言えません。あるいは明日，自己紹介をすることになったとしましょう。必死になって和英辞典をひきながら原稿を作ったとしても，どうも，とってつけたような，ちぐはぐな英語しか作れないものです。そんな時に，この自分の表現集に自己紹介の英文がいくつも載っている状態なら，すぐにでも気のきいた自己紹介ができるのです。

　ちょうど皆さんが健康管理のために定期的にジムに通ったり万歩計をつけて歩いたりするように，英語力を管理するために，この「内容のキーワード」だけを見て英文を言ってみる練習を定期的にしてください。自分が気に入った内容ですし，頭のトレーニングをしていることが実感できて，結構ゲーム感覚で楽しめるものです。

　あるいは，明日ディベートで地球温暖化問題を取り上げることになったとしましょう。この表現集がワードやエクセルで作ってあれば，今までにためた「温暖化」で分類された表現をクリック1つで集められます。そこで「内容のキーワード」を元に，英語が出てくるように集中的に練習をしておけば，翌日のディベートで，自分が主張したいことはすべてうまく表現できるのです。英検1級の面接試験が近づいても，この表現集を分類ごとに復習しておけば，怖いものなしです。面倒なように思えますが，実はこれが，全く無駄のない，省エネの，一番簡単な方法なのです。

　上のようにまとまった内容を表す英文以外にも，ドラマや映画を観ていて，頻繁に出てくる「知らなかった決まり文句」についても，同じことが言えます。知らなかったからといって，いちいち全部辞書で調べて，記録して，覚えようとしても，時間を取られるばかりで，結局何も頭に残りません。英語の専門家になろうという人でもない限り，全部覚える必要など全くありません。実際の会話で相手がわからないことを言ったら，どんな意味かと聞けばいいのです。ですから，細かい点は気にしないで，話の大体の流れがつかめればいい，という気持ちでドラマや映画の英語を楽しんでください。しかし

■決まり文句の記録

今回はだめだけど，きっとまたいつかね。　　　　　　　take a rain check
・ "... Can I take a rain check?" "Sure." "Thanks. Thanks for understanding."
・ "Care for a drink?" "I'll take a rain check, thanks."
（*Longman Dictionary of Contemporary English* より）
....
・ ....
・ ....
（...）

　そのうち，どうしても気になる表現が出てくるものです。「え？　これってどういう意味だろう？」とか「これ前にも出てきたよ！」とか，心が動く表現です。それだけを調べるようにしてください。1回当たり数個で充分です。ドラマや映画を楽しんだ上に，数個でも英語表現が身につけば上出来，と気楽に構えてください。

　例えば『デスパレートな妻たち』の一場面で，家に集まろうと誘われた主人公がこう言う場面があります。

Gabrielle：... Can I take a rain check?
Lynette：Sure.
Gabrielle：Thanks. Thanks for understanding.

　rain check って何？　と心が動いたら，すぐに調べないで推測してみます。「雨の…小切手？　小切手を持って行く，ってこと？　でも，どうして雨なの？？？」とさらに気持ちを盛り上げます。それから辞書で調べるのです。すると，「（雨で試合中止の時渡す）雨天順延券」の意味から，「（今回はだめだが）次の機会には受け入れると約束する」（『ジーニアス英和大辞典』）時の表現だとわかります。「なるほど，そうだったのか！」と心が動くので，記

憶もしやすくなるのです。そこで，この表現はしっかり覚えて次のように記録しておきましょう。まず，その表現を口にする時の気持ちを日本語で書き，その右端に離して英語表現，下に該当部分と，辞書にある例文を書いておきます。こうしておけば，まず目に入る日本語から英語を言ってみたりして練習するのに便利です。(☞前頁の表参照)

3. すぐに発信(OUTPUT)：覚えた表現をすぐに使ってみよう！

こうやって一度は記憶した表現も，そのままにしておいたのでは，たちまち全て忘れてしまい，結局はただ「勉強した」という自己満足だけで終わってしまいます。せっかく覚えた表現は，できるだけ早く実際に使ってみることです。使おうとしてみて初めて忘れてしまっていることがわかりますし，使ってみて初めて本当に通じるかどうかがわかるのです。通じてうれしかった表現は，それだけいっそう記憶も確かになります。メール友達やチャット友達に「今日 Japan Times（のサイト）で読んだんだけどね，…（覚えたばかりの表現を使う）…って書いてあったんだ。あなたはどう思う？（I read *The Japan Times Online* today, and it said .... What do you think about it?)」，とか「ネットで知ったんだけど，…（覚えたばかりの表現を使う）…だってこと知ってた？（I saw on the Internet that .... Have you heard that?)」という感じで，どんどん発信することです。

ただし，論文など，公に自分の考えを発表する時に，この表現集の英文を，あたかも自分が書いたものであるかのように，そのまま使ったりしないでください。どうしても使いたい時には引用文であることを明記して，出典も必ずつけてください。

さあ，それでは，発信力の育て方を考えてみましょう。

● ──── Writing

書く力をつけるには，ともかく書いてみることです。しかし，「英作文」などという大それたことは考えないことです。書きたいことをまず日本語で考えて，それを電子辞書で調べて英語に直そうとしても，ピッタリの英語訳など見当たらない場合がほとんどです。そんなことを考えるよりは，書きた

いテーマにそったキーワードを使って，「英辞郎 on the WEB」<www.alc.co.jp/> や『E-DIC』（朝日出版社）などで英文を検索し，そこにある英文のうちで，自分が言いたいことに最も近いものをつないで文章を作っていく方が，よほどましな英語になります。

　でもやはり一番いいのは，前項で紹介した方法で記録しておいた英文をそのまま使うことです。その内容は自分の考えに合ったものですし，何より一度覚えた英語ですので思い出しやすく，実際に使ってみることで，さらに記憶を強化できるからです。書く力をつけたいなら，一日も早くメール友達やチャット友達を作って，覚えたての表現をどんどん使ってみましょう。メールのやり取りを楽しむ具体的な方法については，実践篇で詳しく説明します（☞ p.64）。

●──Speaking

　すぐさま文字を入力しなければならないテキストチャットも含めて，ネット上でのチャットはなかなか敷居が高いと考えている人が多いようです。言いたいことの半分どころか，百分の一，千分の一も言えないようでは，なかなかチャットを始める気がしないのも当然です。そういう人は，まず演習篇のⅠにあるような決まり文句を中心に基本的な英語力をつけた上で，何とか自分の意見が言える話題をできるだけ増やしてください。そうすれば自然に話してみようという気になれます。外国の人と何とか話せるだろうという自信と，ぜひ話してみたい話題。この2つがそろえば，チャットを始める勇気が生まれるのです。

　ドキドキしながら思い切って話してみると，意外に簡単で，面白かったという人が多いようです。しかし，それで満足してはいけません。いつも家族構成や，ペットのことや，天気のことなどをただ話しているだけでは，時間を浪費しているだけで，いつまでたってもあまり力はつきません。世間話を卒業して，自分の「意見」を言えるようにしなければ，力は付いてこないのです。それにはやはり前項で説明した方法で，英語で自分の意見を伝えるための表現をどんどん覚えて，それをすぐに発信してみることです。そうすれば，おしゃべりを楽しんでいる間に，本物の表現力が確実に伸びてきます。

ネットでおしゃべりを楽しむ具体的な方法については，実践篇で詳しく説明します（☞ p.86）。

4. 語彙の増やし方

　英語力とは，結局語彙力だと断言する専門家もいます。たしかに2,000語程度の基本的な語彙すら不足していると，何をするにも不自由です。語彙が豊富であればあるほどコミュニケーションがしやすくなるのも確かです。語彙は多ければ多いほどいいのです。それではどうやって語彙を豊かにすればいいのでしょうか。

　効率的に単語を覚えるには，2つのことを心がけてください。まず，心が動くような覚え方をすることです。心が動かなくても単語が記憶に残るなら，単語リストを最初から覚えてしまえるはずです。やってみた人もいるでしょうが，abandon から始めて，abduct, ... adhere と進んだあたりで，すでに最初の方を忘れてしまっていることに気づいて，あきらめてしまった人が多いのではないでしょうか。心を動かさないで覚えようとしても無駄なことなのです。英文を読みながら，全体の意味も考えないで，知らない単語を次々に辞書で調べて単語帳を作っていくのも，ほとんど記憶にはつながりません。心が動いていないからです。心を動かすためにいろいろな工夫をしながら覚えることです。例えば，すぐに辞書を引かないで，まず文の意味を読み取ろうとするのです。そうすると，「この単語の意味さえわかれば何とかなるのに！」とか「この単語は前にも出てきた気がする。どういう意味だったっけ？」などと，少し心が動きます。そこでさらに自分で気持ちを盛り上げます。「よし，この単語の意味を当ててやろう。前後関係からすると，きっとこういう意味に違いないぞ！絶対そうだ！確かめてみよう！」と盛り上げてから，辞書を引くのです。すると，当たっていれば「やった！」，外れていれば「残念！」と心が動いた分だけ，記憶が強くなります。

　あるいは，「なるほど！」と心を動かすのもいい方法です。例えば，次のような文が出てきたとします。

　　Inequality impedes social progress. （不平等は社会の進歩を妨げる）

このimpedeを辞書で引きますと,「〜を遅らせる,邪魔する,妨げる」と書いてあります。そこで,この単語を覚えようとして,何度も「遅らせる,邪魔する,妨げる」と言いながら紙に書いてみたりしても,少し時間が経つと,すっかり忘れてしまいます。そんなことをする代わりに,辞書についている語源の説明を見てください。すると,「im-(中に)+-pede(足)＝足を中に入れる,足かせをする,邪魔する。cf. centipede, pedal」(『ジーニアス英和大辞典』)とあります。なるほど,足を中に入れて足かせをすれば,身動きできなくなり,邪魔されます。「なるほど！」と感心すれば,その分,記憶は強くなるのです。さらにこうした語源がわかれば,「centi-(100)+-pede(足)」が足百本で「ムカデ」ということもわかりますし,足を乗せるからpedalも納得です。さらに,impedeの反対はexpediteで,「ex-(外に)+-ped(足)＝足を外に出す,足かせを外す,はかどらせる,促進する」という意味になることも納得できます。この名詞形expeditionは,文字通り「外に歩いていく」,つまり「遠征」という意味にもなります。これ以外にもpedestrianは,「足で行く+-ian(人)」,つまり「歩行者」となります。こうやって,「なるほど！」と感心しながら,次々に関連する単語を覚えることもできるのです。

　もう1つの方法とは,知っているものに関連付ける方法です。例えば上で見たように,知っている単語に派生語が付いたものなら,簡単に覚えられます。前に付けるen-や後に付ける-enが他動詞を作ることがわかれば,endanger(危険にさらす),enrich(豊かにする),ensure(保証する),entitle(資格を与える),heighten(高くする),threaten(脅す),widen(広げる)などはすぐに覚えられます。

　また,すでに知っている単語の同意語や反意語として覚えると,知識が整理され,連想も働いて覚えやすくなります。例えば,fragile bonesという表現が出てきた時に,辞書を引いて,「もろい」という意味を知って,「あ,そうか,もろくなった骨だ」と訳して終わったのでは,なかなか記憶に残りません。そこで関連語を自分で調べてみるのです。すると,「もろい,弱い」という意味で自分がすでに知っているweakと同じような意味の言葉として,fragileやvulnerableがあることがわかります。さらに詳しく調べてみ

ると，fragile の方は「傷ついたり壊れたりしそうで弱い」，vulnerable は「被害や攻撃を受けやすくて弱い」ことを表す言葉だとわかります。この違いが納得できたら，次にそれぞれの例文を調べてみます。Be careful with that glass. It's very fragile. とか，Young children are vulnerable to food poisoning. など，なるほど，確かにその違いが出ています。では，weak の反対の strong についても，他の言い方があるのかを調べてみます。すると気体や液体ではない固体，といった感じの solid，体などががっちりした感じの sturdy などがあることがわかります。それでは，気体・液体・固体はどう言うのかと調べてみると，gas, liquid, solid だとわかります。このように，言葉に対する好奇心を膨らませながら，自分が知っているものと関連づけて整理された連想として覚えておくと，記憶をたどりやすくなり，思い出しやすくなるのです。

　知っている単語の関連でという点では，カタカナ英語も役立ちます。私たちは想像以上にたくさんのカタカナ英語を毎日使っていますが，その多くは残念ながら和製英語であったり，もともとの英語とは意味がずれていたりして，そのままでは使い物にならない場合が多いのです。そこで，カタカナ英語を正しい英語に直すことで，簡単に語彙を増やすことができます。カタカナ英語を目にしたり思いついたりしたら，それを前出の「英辞郎 on the WEB」<www.alc.co.jp/> などで調べてみましょう。すると，例えば「レベルアップする」は raise the level ,「フリートーク」は free discussion（ちなみに free talk は「無料の講演」),「フロントガラス」は windshield など，知っているカタカナ英語から，それに関連付けて，正しい英語表現をどんどん増やしていくことができるのです。

5.　文法の活用法

　滑らかな会話ができるようになるためには，文法など必要がないどころか，かえって邪魔になるという人がいます。これは半分正しくて，半分間違った意見です。正しいというのは，だれでも母語であれば文法など全く知らなくてもペラペラしゃべれるからです。外国語を，母語を身につけたときと同じようなやり方で習得できるなら，確かに文法は不必要です。しかし，日本で

暮らしている普通の人がそんな風に英語を学ぶことは可能でしょうか。時間ひとつ取ってみても，英語圏に生まれた赤ちゃんは起きている間いつも英語にさらされていて常に記憶を確認できますが，こちらは「週に何時間」という生活です。次の授業までに記憶があいまいになったり消えてしまったりするので，どうしても手がかりになる規則を知っておいた方が効率的に学べるのです。それに，赤ちゃんは「どうしてそんな言い方をするの？」などと考えませんが，小学生でも高学年になれば，どうしても理屈を考えてしまいます。そして答えが与えられないと，英語は「あいまいで，わけがわからないもの」になってしまいます。理屈を言ってもわからない小学校低学年までの子どもよりも，理屈で学べる学習者の方が効率的に第二言語を習得できることが色々な研究でわかっています。

　それでも文法が邪魔だ，という感じがするとすれば，教えられるときに文法知識だけを与えられて，それを使った練習がなかったためです。だから，いざコミュニケーションを図ろうとしても，思い出すのは文法規則だけで，それをああだったっけ，こうだったっけ，と思い起こしながら会話をするので，とてもぎこちない会話になってしまいます。だから文法は邪魔だと思ってしまうのです。

　大切なことは，文法規則を学んだ後で，たくさん練習することです。そうすればいつの間にか文法規則そのものを意識しなくても，正しい文が無意識に，滑らかに出てくるようになるのです。

　これから英文法を勉強し直してみようという人は，英文法について詳しく説明した，文法のための文法書ではなく，「こういうことを言いたい時は，こういう形を使う」という視点から書かれた文法書を選んでください。コミュニケーションのための文法です。その中で，特に日本人が間違えやすい点については，準備篇にまとめておきましたので参考にしてください（☞ p.37）。

●──対策篇のまとめ

　英語コミュニケーション能力をつけるには，とにかく毎日英語を使うことです。毎日使っていれば，能力をつけたくなくても能力がついてしまいます！そして毎日英語を使うために必要なものは，一応の決まり文句は言えるから

何とかなるだろうという**自信**と，それについて色々話したいと思えるような**話題**です。この2つがあれば，ネットを使ってコミュニケーションを楽しむことができ，楽しければ毎日続けることができるのです。英語の「勉強」などと考えないで下さい。勉強なんて誰もしたくないからです。それより英語を「楽しむ」ことです。**楽しんで毎日使う**ことです。そうすればきっと，あなたの英語コミュニケーション能力は飛躍的に伸びてきます。

```
          ┌─────────────────────┐
          │ 英語コミュニケーション │
          └─────────────────────┘
                    ↑
    ┌──────┐              ┌──────┐
    │ 自信 │              │ 話題 │
    └──────┘              └──────┘
```

　　　決まり文句　　　　　　話す内容
　①概念　（☞ p.104）　　①自分のこと　（☞ p.155）
　②機能　（☞ p.112）　　②日本について（☞ p.162）
　③感情　（☞ p.131）　　③自分の意見　（☞ p.165）
　④状況　（☞ p.138）

準備篇

何はともあれ，自信と話題

　ネットを活用した英語コミュニケーションを気楽に楽しむには，まず基本的なことはちゃんと英語で言えるという自信をつけることです。大したことではありません。中学校で学んだようなことをしっかり身につけておけばいいのです。これは，英語でコミュニケーションをするときに，やり取りする情報を入れる器のようなものです。この器とも言える決まり文句を知らない人は，まずそれをしっかり身につけてください。

　器が用意できたら，次は，その中に入れる中身，つまり話題です。最初に話題になるのは自分や日本についてのことですから，まずその情報を英語で伝えられるようにしましょう。それ以上の話題は，自分が本当に伝えたいと思うものを徐々に増やしていけばいいのです。

ネットで英語コミュニケーションを楽しむためには，それなりの自信と話したい話題がなければなりません。でも，そんなに高いレベルでなくてもいいのです。ネット上には，まだあまり英語力がない人もたくさんいます。そういう人たちでも堂々と英語でコミュニケーションをしているのです。しかし，やはりある程度の自信と話したい話題がないと，結局相手にされなかったり，話が続かなかったりで，もうネットはいやだ，つまらない，ということになってしまいます。

　この準備篇では，実際にネットでおしゃべりを楽しむために必要な英語の基礎知識をおさらいした上で，簡単な話題の展開を練習して，自信を持って相手に話しかけられるようにしてから，いよいよ具体的な準備を始めます。

★日常会話なら何とか話せるという人は，次の「Ⅰ．自信を持とう」を飛ばして，「Ⅱ．話題を増やそう」(p.46～) に進んでください。

Ⅰ. 自信を持とう

　自分が書いたりしゃべったりする英語に自信を持つために必要なことは，
①外国語なのだから，間違えて当然という**開き直り**と，
②自分が言いたいことのポイントを何とか英語で表現できるだけの**知識**です。

　まず，間違いを恥ずかしがらない開き直りについてですが，概して日本人は誤りを気にしすぎます。実際英語を母語としない人たちがネット上で使っている英語には，間違いだらけのものがたくさんあります。ところがそういう英語でも何とか通じているのです。ちょうど日本にいる外国人が間違いだらけの日本語で話していても，言いたいことはわかる場合が多いように，私たちの英語も少々間違っていても，何とか通じるものなのです。比べるなら彼らの日本語と私たちの英語です。それなら片言同士，どっちもどっちです。ですから気楽に，ともかく言いたいことを何とか英語にして表現してみることです。全く通じなければ，相手がわからないと言ってくれますから，それ

からまた別の表現を考えればいいのです。たとえ通じないままで終わってしまっても，後で調べて今度は言えるようにすればいいのです。とにかく，とりあえず思いついた英語で書いたり言ったりすることです。そうやって何度も英語を使っているうちに，どんどん英語がうまくなります。それは確実です。しかし，恥ずかしがって使わなければ，いつまで経っても使えるようにはなりません。それも確実です。だったら，毎日，少しずつでもいいですから，ともかく英語を使うことです。

次に，基本となる知識ですが，いくら間違えて当然と開き直っていても，例えば，「犬を2匹飼ってます」と言いたい時に，I have ... という形が思い出せなければ，お手上げですよね。英語という外国語の基礎に自信のない人は，何はさておき，それを身につけることです。

ところで，日本人の英語について英語母語話者は，どんなことを感じているのでしょうか。共著者のマギー先生は，日本の大学で10年近く英語を教えていますが，日本人に多い間違いについて，次のような点をあげています。

　　インターネットでは，ほとんどの英語母語話者は，ある程度の文法やつづりの間違いについてはかなり寛容です。彼らだっていつも間違えるのですから！　でも，そのためにあなたが本当に言いたいことを相手が理解できなかったり，あるいは思ってもいないような意味を伝えてしまった時に問題が起きるのです。

　　まず，英語の文法の微妙な点から問題が起きます。例えば冠詞について，a なのか the なのか，または冠詞は必要ないのか，ということも難しい点です。たいていの場合，意図していることは伝わりますが，英語母語話者を一瞬考え込ませてしまうくらいおかしな表現もあるのです。

　　物質名詞に関しても，例えば，I'd like some salt や I finished the homework の代わりに，I'd like a salt や I finished a homework と言ってしまうと，会話に違和感を与えることになるでしょう。interested/interesting, bored/boring, excited/exciting などの形容詞も混乱を招く可能性があります。I am exciting! や I am interesting! と言うと，全くそんなつもりがなくても，自慢しているように聞こえます。また，make

とletもよく混同しがちです。My mother made me play the piano と My mother let me play the piano では，ピアノに対する感情がとても違うものになります。

　もっと些細な点から問題が起こる場合もあります。外来語の多くは英語に由来していますが，英語と同じ意味ではないものもたくさんあります。例えば，「ライブ」は英語の live（形容詞：「生出演の」）からきていますが，「コンサート（concert）」という単語を使わないで，「週末ライブに行く予定だ」と言ったら，ほとんどの英語母語話者は意味がわからないでしょう。また，どんな「パソコン（pasocon）」を持っているかと質問しても，英語では computer や PC と表現するので，相手は混乱してしまうだけでしょう。同様に，カタカナ式のつづりもわかりません。私の経験では，学生が Jyuria Robatsu（ジュリア・ロバーツ：Julia Roberts）が好きかどうかを聞いてきた時にとても混乱しました。もしあなたがオーストラリア人にシドニー（Sydney）を Sidoni と書いて見せたら，相手はどこのことかと考え込むかもしれません。

　また，どんな第二言語でもよくある問題ですが，母語のフレーズやセンテンスを，そのまま他言語に訳すということがあります。例えば，私自身の失敗談ですが，パソコンが固まったことを英語で My computer froze! と言うので，そのまま「パソコンが凍ってしまいました！」と直訳で表現して，わかってもらえなかったことがありました。これは，日本語母語話者が使う time でも時々起こることで，「チャットのひと時を楽しみましょう」や「どうかリラックスしたひと時をお楽しみください」をそのまま直訳した，Let's enjoy our chatting time や Please enjoy your relaxing time は，英語ではぎこちなく聞こえてしまいます。また，楽器やスポーツ，ゲームを除いて，通常 play するのは子供だけで，大人はしません。ですから，「週末は友人たちと遊びました（I spent the weekend relaxing [hanging out] with my friends）」のつもりで大人が I spent the weekend playing with my friends と言うと，おかしく聞こえてしまうのです。

　最後にもうひとつ。よく英語では，日本語のように性別や年齢の違い

による制約はないと言われます。たいていの場合その通りなのですが，微妙な偏りがある単語もあるので，絶対にそうだとは言い切れません。例えば，強調で使う so や such a は，女性的な感じがします。That's such a good movie! とか，I was so nervous! とかいう言い方は，女性の方がよく使います。また，最後に don't you think? を付けたり，最初に it seems to me や in my opinion で始めて主張を和らげようとする言い方も女性の方がよく使います。これらの言葉は，日本語の助詞「わ」ほどはっきりした女性語というわけではありませんが，男性が何種類も同時に使うと，女性っぽい感じを与えてしまうので注意してください。

(野口訳)

　マギー先生は，ここで主に2つのことを指摘しています。ひとつは，単複や冠詞など，日本語にはない英語の特徴が身についていないことによる間違いです。もうひとつは，日本語をそのまま英語に置き換えることによる間違いです。特にカタカナ英語は発音，つづり，意味とも英語母語話者の英語とはかなり違うものが多いので要注意です。英語の知識が少ないのに，無理に英語を作ろうとするので，どうしてもカタカナ英語に頼ってしまうのです。こうした間違いを克服するためには，中学で習ったような英語の基本をしっかり身につけることです。その上で，便利に使える決まり文句をもう少し覚えれば，それで何とか英語でのコミュニケーションが始められます。

　それでは今から，英語に自信が持てるように，日本人が特に間違いやすい点をいくつか説明してから，基本的な決まり文句の確認をします。自分の英語に自信がない人は，ぜひ説明を読んで，決まり文句を練習してください。

1.　英語の特徴を確認しよう

　日本人が英語を学ぶ場合，難しいのは，やはり日本語と違っているところです。ここでは，それを中心に，中学で学ぶ英語のうち，大切なポイントをざっとおさらいします。

●────ものの表し方

　英語では，まず数えられるか，それとも数えられないかを必ずはっきり区別します。例えば，「卵」を考えてみましょう。日本語では「卵を買うのを忘れないでね」と「彼は床に卵をこぼした」は，どちらも「卵」でいいのですが，イメージは前者なら丸い形をして数えられる卵，後者はドロドロで数えられない「卵」です。ですから英語に直すと，前者は Don't forget to buy eggs. と複数形になり，後者は He spilled egg on the floor. と，a が付かない形になります。

　次に，特定なものか，不特定なものかも区別します。例えば，パーティーに参加していて，記念写真を撮りたいと思った時に，隣の人に「カメラ持ってる？」と聞く場合は，カメラならどれでもよく，「どの〜」と特定していないので，Do you have a camera? です。そして並んで「カメラ見て，はいチーズ！」と言う時のカメラは，目の前にある特定のカメラなので，Look at the camera and say cheese! となります。つまり，他のものと区別されて，聞き手もどれかわかるものには the を使うのです。大げさに言えば，世界でひとつしかない場合です。

　the 以外に，代名詞なども使って，特定のものであることをはっきりさせます。例えば，英語の I was the tallest in my class. は，普通の日本語では，「僕はクラスで一番背が高かった」となり，「僕は僕のクラスで〜」とは言いません。どのクラスのことかは，前後関係でわかっているからです。でも英語では，それをはっきりと言葉にして表現するのです。

　英語を使う時は，必ず単数・複数と特定・不特定をはっきりさせるようにしましょう。

●────時の表し方

　日本人が間違いやすいのは，いわゆる進行形と完了形です。どちらも学校では，たいてい "be動詞 + 〜 ing" =「〜している」と，"have + 過去分詞" =「〜してしまった」という完了，「〜したことがある」という経験，「ずっと〜している」という継続といった日本語訳と一緒に覚えたと思います。しかしこうやって日本語で覚えると，当てはまらない場合が多くて混乱するのです。

まず,進行形ですが,「〜している」と覚えていると,次の英語はそれぞれ右側の意味だと考えてしまいます。

▶The car was stopping at the light. ≠車は信号で止まっていた。
▶What did Tom say when he found his wife was dying? ≠奥さんが死んでいるとわかってトムは何て言ったの？
▶We are having a party tonight. ≠私たちは今夜パーティーを開いています。

ところが正解は,それぞれ,「車は信号で止まりかけていた」,「奥さんが死にそうだとわかってトムは何て言ったの？」,「私たちは今夜パーティーを開きます」なのです。

ですから,「〜している」という日本語で覚えないで,"〜 ing"という響きが伝えるものを覚えておいてください。それは,**「動いている！」という感じ**です。ブレーキペダルを踏んで,体も少し前のめりになったという「動き」があったから,「止まりかけていた」という感じになります。呼吸数や心拍数が変化したりする「動き」があったから「死にそう」だったのです。最後の例は,今パーティーを開いているわけではありませんが,パーティーの開催を決めて,食べ物や飲み物の手配をするなど,もうすでにパーティーに向けての「動き」があるから"〜 ing"を使うのです。この感じさえつかめば,"be 動詞＋〜 ing"を誤解することはありません。日本語に直さないで,英語は英語のままで感じをつかむようにすることです。

完了形も,完了,経験,継続,結果などと分類せずに,"have ＋過去分詞"が表す共通した感じをつかむことです。それは,「〜して今〜」と,**過去のことと今のことの両方を同時に伝える感じ**です。次の 2 文を比較してください。

▶Dan lost his keys.（「鍵をなくした」と,過去のことを言っているだけで,今のことは何もわからない。今はもう見つけているのかもしれない）
▶Dan has lost his keys.（「鍵をなくして,今もないままだ」と今のことも言っている）

次の 2 文も同じように感じが違います。

▶Did you play chess?（例えば,昨日会った人はチェスが好きだから,そ

I．自信を持とう

の人と「チェスをしたの？」と聞いています。今のことは何も触れていません）
- ▶Have you ever played chess?（例えば，今から君とチェスがしたいけど，「今までにしたことがあって，今やり方を知ってる？」と聞きたいような時です）

次の2文の違いも同様です。
- ▶They lived in New York for two years.（いつのことかわからないが，とにかく2年間ニューヨークで暮らした。今どこにいるかはわからない）
- ▶They have lived in New York for two years.（2年前からニューヨークに住み始めて，今も住んでいる）

つまり，"have + 過去分詞" という形で伝わるのは「～して今～」という感じだけなのです。その上で，今までの話の流れや一緒に使われる言葉で意味の違いが自然にはっきりしてきます。ほとんどの場合，already や just や yet などがつけば完了，ever や never などなら経験，"for + 期間" や "since + 過去のある時" などが付けば継続の意味が自然に出てくるのです。

ところで，have got という現在完了の形が，現在完了の意味ではなく，ただの have と全く同じ意味で使われる場合があることをご存じですか。特に英国での会話やメールなどでよく使われますから注意してください。

●───言葉の並べ方

2つのことを確認しておきましょう。

まず，日本語と違って，**英語は言葉の順序が原則的に固定**していて自由に変えたり省略したりできないということです。日本語はかなり自由です。例えば，彼の目をじっと見つめて彼女が小声で「好き」とだけ言えば，それで十分気持ちが伝わりますが，英語では，I love you と，必ず誰が誰を好きなのかを全て口にしなければなりません。love だけでは何が言いたいのかわからないのです。あるいは，日本語なら「あなたが好き」でも「好き，あなたが」でもいいのですが，英語で You love .... としてしまうと，相手が誰を好きかという話になってしまいます。つまり，日本語で「は」とか「が」とか，「を」とか「に」などの助詞で表している関係を，英語では固定した

語順で表すので，勝手に順序を変えたり省略したりできないのです。たぶん皆さんのほとんどが学校で習った5文型の順序は，まさに英語の基本的な語順ですので，改めてどんな気持ちで使うのか確認しておきましょう。

①主語(S)＋v＋補語(C)

$$Ⓢ — v — Ⓒ$$

主語（S）が「何なのか」，あるいは「どんななのか」を伝える言葉を be 動詞でつなぎます。
▶I <u>am</u> a high school student.
それが見てわかるなら look，変化してそうなるなら，become でつなぎます。
▶Jennifer <u>looks</u> very happy.
▶Dan <u>became</u> a professor.
この文型での動詞（V）は，それ自体の意味があまりありませんので，小さなvにしておきました。

②主語(S)＋動詞(V)

$$Ⓢ$$
$$V$$

自分だけの動きです。
▶Dan <u>stood</u> against the wall.（ダンは壁に背を向けて立った）

③主語(S)＋動詞(V)＋目的語(O)

$$Ⓢ — V → Ⓞ$$

他に働きかける動きで，心の動きも含みます。
▶Dan <u>stood</u> <u>the ladder</u> against the wall.（ダンは壁にはしごをかけた）
▶Dan <u>loves</u> <u>his wife</u> very much.

Ⅰ．自信を持とう

▶Dan bought a car.

④主語（S）＋動詞（V）＋間接目的語（O：多くの場合，人）＋直接目的語（O）

$$Ⓢ - V \rightarrow Ⓐ - Ⓞ$$

上の③の形に，対象となる人が入り込んだ形です。
▶Dan bought her a car.（ダンは彼女に車を買ってやった）

⑤主語（S）＋動詞（V）＋目的語（O）＋補語（C）

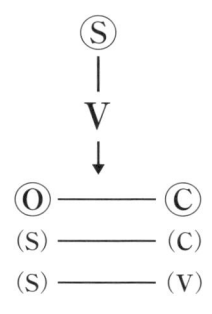

$$
\begin{array}{c}
Ⓢ \\
| \\
V \\
\downarrow \\
Ⓞ \text{――} Ⓒ \\
(S) \text{――} (C) \\
(S) \text{――} (V)
\end{array}
$$

後半の目的語（O）と補語（C）の関係が，上の①の主語（S）と補語（C），あるいは②〜⑤の主語（S）と動詞（V）の関係になっていて，そういう状況をどうするかについて言います。
▶Dan made his wife very happy.
　　　（His wife was very happy という状況を作った）
▶Dan's wife made him buy a car.
　　　（He bought a car という状況を作った）

こうした語順は，いつもこの順番ですので，慣れてしまえば，むしろ日本語で「は」とか「が」とか「を」とか「に」などを使い分けるよりも簡単だとも言えます。
　言葉の並べ方で，もうひとつの違いは，主語（S）の後の部分が**日本語と**

英語では語順が全く逆ということです。

> ▶日本語（S+O+V）：＜太郎は＞ トマトが　好きだ
> ▶英　語（S+V+O）：＜ Taro ＞ likes 　　 tomatoes

　日本語では，最後に動詞（V）が来ます。ということは，「～だ」という結論を最後に述べます。それが英語では，最初に来て，まず「～だ，～する」と結論を先に言ってしまうのです。この基本的な違いがあらゆる語順に影響を与えます。

　例えば，「トムはきのう図書館で一生懸命勉強した」を英語で言う時に，yesterday（きのう），in the library（図書館で），hard（一生懸命）という3つの語句はどの順番で言えばいいのでしょうか。それに迷ったら，まず日本語で一番自然な語順（きのう・図書館で・一生懸命）を考えてから，その部分をそっくり逆にすればいいのです。つまり，

> ▶Taro studied hard　in the library　yesterday.

となります。3つの言葉は動詞（V）とのつながりが強い順に並びますので，動詞（V）が最初に来るか最後に来るかで全く逆の順番になるのです。

　この関係は，さらに細部にまで影響を与えます。例えば日本語では「図書館で」ですが，英語では in the library です。日本語では，動詞（V）が常に最後の方に来るので，それと「図書館」との関係を表す「で」は，その間，つまり名詞の後に来ます。しかし英語では，動詞（V）が常に最初に来るので，それと library との関係を表す in は，その間，つまり名詞の前に来ます。だから「前」置詞なのです。

　英語の語順のこうした感覚，つまり，大切なこと，中心になることを先に言うという傾向は，何から何まで徹底しています。細かい点では，「オバマ大統領」が President Obama となり，「22 ページ」は page 22 となります。

　さらに名詞と，それを形容する言葉の順序も違います。形容する言葉が短い場合は，日本語と同じように前から後ろの名詞を形容します。

> ▶「背の高い人」 a tall man

しかし，形容する言葉が少し長くなると，全て後に回されてしまい，日本語とは逆になります。

> ▶「犬を連れた人」 a man with a dog

Ⅰ．自信を持とう

- ▶「犬の散歩をしている人」　a man walking a dog
- ▶「犬に助けられている人」　a man helped by a dog
- ▶「犬が好きな人」　a man who likes dogs

　こうした発想は話の展開にも影響を与えます。日本人はまず細かなことを色々言って，最後に結論を言いがちです。それに対して英語圏の人はまず結論を言って，その後でそれについて細かなことを付け加える傾向があります。よく引用される例ですが，宮沢賢治の「雨ニモマケズ」は，「雨ニモマケズ」で始まる30行ほどの詩で，最後まで一体誰が，結局何をするのかがわからないまま，最後の「サウイフモノニワタシハナリタイ」になって，やっと言いたいことがはっきりします。私たちがこの詩を読んでいて，違和感を感じないのは，結論を最後に言う形に慣れた日本人である証拠かもしれませんね。ちなみに，この詩を英訳したものがありますが，その多くは，すぐに主語をIやHeにして付けてしまったり，主語が要らない命令文にしたりしています。やはりこの詩をそのまま英訳すると，なんだか奇妙な詩になってしまうのです。

●───仮定の表し方

　学校では，「現在の事実に反したことには仮定法過去を使う」などと習ったと思います。複雑な言い方なので，しっくりこないまま，どうも苦手だという人が多いようです。それにこの定義だけでは説明できない場合もあります。例えば，昨夜あなたの家に泊まって朝帰った友人が，夕方になって電話をかけてきて，たぶん鍵を家のどこかに忘れてきたようだと言います。それなら，置き忘れそうなところを今からすぐに調べてあげようと思って，「見つかったら電話するよ」と言う時は，

- ▶ I'll call you, if I find it.

となります。しかし，今朝友人が帰ってから大掃除をしたばかりで，どこにも鍵なんてなかった場合は，それを伝えた上で，でも「もし万一見つかったら電話するよ」と言いますが，その時は，

- ▶ I'd（=I would）call you, if I found it.

と，過去形を使うのです。現在だけではなく，未来のことについても，と

にかく現在の事実や将来起こりそうなことからかけ離れている時には過去形を使うのです。

　時間の上で，現在から昔の方向に離れていることには，当然過去形を使いますが，これ以外にも，丁寧にしようとして，押し付けがましくならないように，相手から少し離れるような気持ちの時にも，過去形を使います。

▶ Could you wait a moment, please?
▶ Would you help me, please?

　あるいは，例えば「明日休みが取れたけど，何をしよう？」と聞かれて，これしかないと押し付けがましくしないで，少し距離をとって，単なる選択肢のひとつとして提案する時も同じように過去形を使います。

▶ We could★ go for a drive.

　つまり，上の全てに共通した感覚として，**離れている時には過去形を使う**，と覚えておけば簡単です。

＊

　以上，日本語とずいぶん違う点，つまり間違えやすい点をいくつか見てきましたが，これはほんの一部に過ぎません。英語の基本からもう一度勉強し直してみたいと思う人は，中学時代の教科書をおさらいするのが一番効率的です。一度覚えた英語ですから，思い出すのも容易ですし，何といっても教科書には本当に大事なことが，しっかり収録されているからです。

　また，文法については，理屈や分類のための複雑な文法ではなく，上で取

★could は can の過去で「～できた」という意味だと覚えている人も多いと思いますが，実際には，前後関係で過去のことだとはっきりしている場合以外には，その意味で使うことはほとんどありません。例えば，I could swim across the river といえば，「その川を泳いで渡ることができた」という意味ではなく，上のように「（泳ごうと思えば）その川を泳いで渡ることだってできるよ」という意味になります。「～できた」と言いたい時には，事実として「泳いだ」（I swam across the river）と言えば，能力があったことは含まれますから，単なる過去形で言う場合が多いのです。あえて可能だったことをはっきりさせたい時には able を使って，I was able to swim across the river と言います。ただし，「～できなかった」と言う時は，単なる過去形（I didn't swim across the river）では能力があったのか，なかったのかはっきりしませんので，could not ～ という形も使われます。

Ⅰ．自信を持とう

り上げたように，言葉を使う時の「気持ち」や「感覚」を中心に知識を整理しておきましょう。最近はそういった文法書もいくつか出ていますので，どれか1冊をしっかり学習して英語の全体像を自分なりに身につけておくことも自信につながります。

2. 決まり文句を覚えよう

英語でメールやチャットをする場合に，できれば覚えておきたい表現があります。それは大きく次の4つに分類できます。

①**概念**：身の回りの基本的なこと，例えば，時間，空間，数，量，比較，原因・結果，変化などを表現する言い方です。
②**機能**：人間関係をうまく保つ機能を果たす表現で，お礼を言ったり，謝ったり，頼んだり，誘ったりする時の言い方です。
③**感情**：喜怒哀楽などの感情を表す言い方です。
④**状況**：レストランとか機内とか，場面特有の表現です。

この4つはすべて演習篇のⅠ（☞ p.103）にまとめてありますので，CDを聞いて，反射的に表現が出てくるまで何度も練習してください。④の場面に特有な表現については，メールやチャットをするときに必要な表現がまとめてあります。

Ⅱ. 話題を増やそう

基本的な決まり文句が身についたら，あとはどんどん話題を増やすことです。まずは，自分のことと日本のことを説明できるようにします。演習篇のⅡ（☞ p.154）に大切な表現がまとめてありますので，何度も練習してください。知り合った人と話し始めるときは，どうしても最初はこうした話題になりますので，これだけでも，おしゃべりを楽しむことはできます。

しかし，何度も話しているうちに，ある話題について，もっと突っ込んだ話がしたくなってくるものです。そのような場合に備えて，日頃から表現集（☞ p.21）にどんどん自分の意見を書き込んで，定期的に練習するクセをつ

けてください。すると，知らないうちに色々な話題について自分のまとまった意見が言える表現力が身についてきます。どんな話題についても，一応自分の意見を英語で表現できるようになれば，もうそれで，英語をマスターしたと言えるでしょう。その最終目標に向かって，ぜひ今日から，自分の考えや意見を伝えるための英語表現を集め始めてください！

III. 準備を始めよう

　さて，いよいよネットを使ってコミュニケーションをするための準備をしましょう。

　たとえ日本語で日本人と話をするときでも，初対面の人には，程度の差こそあれ，緊張や不安を感じるものです。まして初めてインターネットで英語を使ってコミュニケーションをしようとする時は，とても緊張して不安になることでしょう。「インターネットで本当に相手とつながるかな？」，「コンピュータの使い方がよくわからないけど大丈夫かな？」，「音声がうまく聞き取れなかったらどうしよう」，「タイピングのスピードに自信がないな」，「何を話せばいいんだろう」，「うまく英語で受け答えできなくて，相手が気分を悪くしたらどうしよう」など，心配し始めたらきりがありません。でも，ちょっと考えてみてください。今まで，新しい環境に入っていく時はどうでしたか？

　例えば中学に進学する時には，「新しいクラスになじめるかな？　先生はどんな人だろう？　仲良くやっていけるかな？」などと心配して不安になったことでしょう。でも，そんな心配や不安も，新しい環境に慣れるにしたがって，すっかりなくなってしまったのではないでしょうか。

　インターネットを使ったコミュニケーションも同じです。新しい環境での，新しい人とのコミュニケーションですから，入る前に不安や緊張を感じるのは当たり前なのです。そんな心配や不安のために，やがてすばらしい友人になるかもしれない人たちと出会うチャンスを逃してしまうのは，とても残念なことです。インターネットを通じて世界中の人々と知り合うことができれば，世界地図にある色々な国が，それぞれの声や顔であなたに話しかけてく

るのです。それは人類が初めて経験する，地球市民同士の気軽なコミュニケーションです。このせっかくのチャンスを逃さないで，外国に新しい友人をたくさん作ってください。そうすれば，英語力などは自然についてきます。大切なのは，今日からさっそく世界の人たちに話しかけようとする，ほんの少しの勇気なのです。

1. 方法

　ネットでの英語コミュニケーションを通して英語力を伸ばす方法としては，メール交換，テキストチャット，ボイス（ビデオも含む）チャット，ブログなどがあります。自分が最も楽しめる方法を選ぶのが一番ですが，一般的には，まず，メール交換（☞ p.64）から始めることをお薦めします。辞書で調べたりしながら，ゆっくり自分のペースでやり取りできるので，初心者には最適です。そして，何回かメールを交換して仲良くなったら，リアルタイムのチャットを始めてください。リスニングやスピーキングにまだ自信のない人は，文字でやり取りするテキストチャット（☞ p.69）が向いています。でも，いちいち文字を入力するのが面倒だと思う人は，テキストチャットを飛ばして，ボイスチャット（☞ p.86）に挑戦してください。テキストチャットよりボイスチャットの方がよりリアルに相手を感じることができますし，ビデオチャット（☞ p.86）となると，もうほとんど実際に会って話しているような気分が味わえます。

　おしゃべりをするよりも，できるだけ多くの人に自分の考えを伝えて，それに対して世界の人々がどのような反応を示すのかを知りたいと思う人は，ブログ（☞ p.93）も楽しいでしょう。以上4つの方法のそれぞれについては，後で詳しくご説明します。

2. サイト

　交流相手を探すサイトはたくさんあります。一番多いのは，異性との出会いを求めるサイトですが，英語力をつけようとする皆さんとは目的が違うので，そんなサイトには近寄らないことです。お薦めしたいのは，言語交換（language exchange）を目的としているサイトです。言語交換とは，お互

いに相手の母語を学ぼうとする人同士が、それぞれの母語を教え合うことです。こうしたサイトには、ほとんどの場合、自分に合ったパートナーを選ぶための検索機能があります。ここで自分が希望するパートナーの条件を入力すると、候補者の一覧が現れますので、プロフィールなどを読んで、自分に合いそうな候補者にメッセージを送ります。

　パートナー選びで大切なポイントは、自分と共通点が多いことと、言語交換をすることでお互いの言語や文化を学び合おう、という真面目な姿勢があることです。でも、まだこの段階では、自分が選んだ相手が返事をくれるかどうかわからないので、候補者数名にメッセージを送ってみましょう。

　相手から返事が来なくても悲しく思うことはありません。皆さんも、やがてわかることですが、サイトにプロフィールを掲載していると、多い時には1日数通の申し込みメッセージが届きます。自分をパートナーとして選んでくれることは嬉しいのですが、だからといって希望者全員とやり取りをするのは、時間的に無理なのです。ですから、返事が来ないからといって嫌な気持ちになったり悲しんだりしないで、波長の合うパートナーを気長に探してください。結果的には、それが長続きするパートナーに出会う一番の秘訣なのです。

　パートナーが見つかったら、いよいよ英語でのコミュニケーションです。最初はお互いの自己紹介で始まりますが、やがて皆さんは「実際に会ったことのない相手と、どんなことを話せばいいのだろう？」と考えることでしょう。パートナーの自己紹介で、何か気になったトピックはありませんか？　パートナーの文化について、知りたいことはありませんか？　パートナーの国の人々の暮らしや考え方について、聞いてみたいことはありませんか？　そもそも、お互いが選んだパートナーなのですから、きっとお互いに聞きたいこと、知りたいことがあるはずです。

　言語交換の場合、パートナーも日本語や日本文化に興味があるはずなので、あなたが英語を話すだけではなく、パートナーの日本語学習のサポートもしましょう。サポートと言っても、難しく考えることはありません。パートナーの日本語や日本文化に関する質問や興味について、知っている範囲で教えてあげればいいのです。パートナーとのやり取りの中で、あなたが当たり前の

ように感じている日本語や日本文化が，他国の人々にとっては異質の言語や文化なのだとわかって，あなた自身が日本語や日本文化に対する理解を一層深めることもあるでしょう。そして，もしパートナーから，日本について難しい質問をされた時には，インターネットで調べたりして教えてあげれば，お互いの勉強になります。

　また，サイトによっては，パートナー登録をしていないメンバーからもリアルタイムで話しかけられる場合があります。その場合，その誘いを受けるか受けないかはあなた次第ですから，相手のプロフィールを参考にして決めてください。反対に，あなたの方からオンライン（サイトにログインしている）中のメンバーに話しかけることもできますので，プロフィールを見て話してみたいな，と思うメンバーがいたら，気軽に話しかけてみてください。お互いに気が合えば，パートナーとして定期的にやり取りができるようになるでしょう。

　メールやテキストチャットなどである程度お互いを理解したら，実際にボイスチャットでコミュニケーションしてみましょう。Sharedtalk（☞ p.85）やLivemocha（☞ p.85）などには，サイト自体にボイスチャット機能がありますし，The Mixxer（☞ p.92）やsoZiety（☞ p.92）などのサイトでパートナーを見つけ，その後でIM（☞ p.51）やスカイプ（☞ p.91）を利用してボイスチャットやビデオチャットをすることもできます。サイトについてはそれぞれ後で詳しくご説明しますが，その前に，とりあえず用意するメールアドレスと自分のプロフィール，そしてぜひ知っておくべきセキュリティーについてお話しましょう。

3. まずはこれだけ

❶ーーーメールアドレス

　サイトに登録するには，ほとんどの場合，自分のメールアドレスが必要ですので，あらかじめYahoo!メールやHotmail, Gmailなどで，フリー（無料）メールアドレスを取得しておいてください。また，サイト登録後，メンバーとしてログインする時には，毎回必ず「ユーザーネーム★」や「パスワード」が必要になりますので，セキュリティーのために，本名や誕生日などとは，

まったく関係のないものにして登録してください。ただし，全く関係ないだけに忘れてしまいがちです。必ず記録して手元に残しておきましょう。

　フリーメールアドレスが取得できるサイトでは，そのアドレスで利用できるメッセンジャー機能（IM：インスタント・メッセンジャー）も提供しています。メッセンジャー用のソフトをダウンロードすれば，テキストやボイスチャット，ビデオチャットなど，様々な双方向コミュニケーションが利用できますし，ダウンロードする必要のないウェブメッセンジャーを利用すれば，普段使っているパソコン以外からでもリアルタイムでテキストチャットが楽しめます。

▶**Yahoo! メール** <mail.yahoo.co.jp>

（IM ソフトのダウンロードは <messenger.yahoo.co.jp> から）
メッセンジャーなど多機能が盛り込まれたフリーメールサービス。メールボックスの容量は 1GB。1 メールあたりの送受信容量が 20MB なので，写真なども気軽に送れます。

▶**Windows Live Hotmail** <home.live.com>

（IM ソフトのダウンロードは <messenger.live.jp> から）
メッセンジャーなど多機能を含むフリーメールサービス。従来の MSN Hotmail が Windows Live Hotmail に進化しました。メールボックスの容量は 5GB ですが，ユーザーの利用状況に応じて増加していきます。また，アドレス帳の相手とチャットを始めることのできるウェブメッセンジャーなど，使い易い新機能も追加されました。

▶**Gmail** <gmail.google.com>

Google による新しいタイプのメールサービス。メールとテキストチャットのサービスが1つの画面でできるので，メッセンジャーのようにソフトをインストールする必要がなく，インターネットにつながってさえいれば，

★通常，コンピューター上のニックネームを，「ユーザーネーム」あるいは「スクリーンネーム」といいます。「ハンドルネーム」という時もありますが，これはアマチュア無線に由来した表現で，時代的に古い感じがします。

Ⅲ．準備を始めよう

どのパソコンからでもすぐにテキストチャットを始めることができ，チャットでのやり取りを保存することもできます。ただし，ボイスチャットを利用したい場合は，Google トーク <google.com/talk/intl/ja> のインストールが必要になります。容量は約 5GB ですが，さらに増設が続けられています。

❷ プロフィール

　どのサイトを選ぶにしても，必ずまず最初に自分のプロフィールが必要になりますので，あらかじめひな形を準備しておくと便利です。このプロフィールを読んで，他のメンバーがあなたにメッセージを送ってきますので，自分の趣味や英語学習の目的，将来の夢，普段の生活などについて書いて，しっかり自己 PR をする必要があります。ただし，あなたを特定できるような個人情報（本名，住所，電話番号など）は絶対に載せないことです。

　プロフィールは，読んだ人に「この人となら話が合いそうだな」，「話してみたいな」と思ってもらえるようなものにしましょう。例えば，あなたが次のようなプロフィールを掲載したとします（自分の名前は，もちろん本名ではなく，ニックネームを使います）。

> Hi, my name is Yasuko. I live in Japan. I am a high school student. I want to meet many people all over the world through this website!

　このプロフィールを読んで，外国の人が「ぜひヤスコさんとお話ししてみたいな！」と思うでしょうか？　実際に，プロフィールの内容によって，メンバーの反応が違ってくるのです。多くのメンバーからメッセージをもらうためには，まず自分の興味のあることや，どうして英語のチャットをしようと思ったのかなど，ある程度詳しく伝える必要があります。このことに注意して，ヤスコのプロフィールを書き直してみましょう。

> Hi, my name is Yasuko. I live in the west part of Japan. I am a high school student and on the tennis team. I enjoy my school life very much!

Because my future dream is to be an international journalist, I am interested in talking with people and learning various opinions. I want to meet many people all over the world!

　書き直したプロフィールの方が，ヤスコの現在の生活の様子や将来の夢，サイトに期待することなどがはっきりしているので，他の国の高校生や，テニスに興味のある人，同じような夢を持っている人や色々な意見を話し合いたいと思っている人など，プロフィールに共感したメンバーがメッセージをくれる可能性が広がりますし，返事も書きやすくなります。

　ここで，プロフィールが簡単に作れるように，高校生，大学生，社会人の場合に分けてサンプルを挙げておきます。これを参考に，あなたも素敵なプロフィールを作成して，多くの人たちと知り合うチャンスを増やしてください！

■プロフィール・サンプル──高校生の場合

Hi! My name is Eriko, and I'd love to have some English-speaking pen pals!★ I'm a high school student and am busy studying to get into college right now. When I have free time, I like to shop, do karaoke, and bake sweets.[1] I'm looking forward to communicating with people around the world![2]

（こんにちは！　私はエリコといいます。ぜひ英語を話すペンパルとやり取りしたいなって思っています。私は高校生で，今は大学に入るために勉強をがんばっています。時間がある時は，ショッピングをしたり，カラオケをしたり，お菓子を焼いたりしています。[1] 世界中の人たちとコミュニケーションできることを楽しみにしています！[2]）

★ここで pen pal という表現が使われています。これはもちろん手紙をペンで書いていた頃からの表現ですが，ネット時代になっても，そのままよく使われています。意味からすれば，key pal の方が適切なのですが，こちらはまだあまり使われていませんので，本書では pen pal を使いました。

Ⅲ．準備を始めよう

▶その他の表現

1)

スポーツをしたり，本を読んだり，写真を撮ったりする
   play sports, read books, and take pictures
旅行に行ったり，釣りをしたり，散歩をしたりする
   travel, go fishing, and take long walks
友達と遊んだり，おいしいものを食べたり，ミュージカルを観たりする
   hang out with my friends, eat delicious food, and watch musicals
美術館に行ったり，図書館に行ったり，愛犬と遊んだりする
   go to museums, visit the library, and play with my pet dog
テレビを観たり，昼寝をしたり，インターネットをしたりする
   watch television, take naps, and use the Internet
サイクリングをしたり，ガーデニングをしたり，編み物をしたりする
   ride my bike, garden, and knit
詩を書いたり，ピアノを弾いたり，料理を作ったりする
   write poetry, play the piano, and cook

2)

色々な文化を持った人たちと出会うこと
   meeting people from all different cultures
色々な言語をしゃべる人たちと話すこと
   talking to native speakers of all different languages
たくさんの人たちに出会い，色々な話をすること
   meeting a lot of people and talking about a lot of things
同じ世代の友達をたくさん作ること
   making a lot of friends my age
日本について，多くの人たちに伝えること
   telling a lot of people about Japan
英語で話ができること
   being able to talk/communicate in English
日本について興味を持っている人たちと出会うこと
   meeting people who are interested in Japan

コミュニケーションを通じて，英語力を伸ばすこと
  improving my English ability by communicating with others
会話的な英語表現を学ぶこと
  learning English conversational expressions
お互いの国・文化・ことばについて話すこと
  talking about our various countries/cultures/languages

■プロフィール・サンプル――大学生の場合

Hi, my name is Taichi, and I'm hoping to get in touch with a pen pal for practicing English. I'm a college student and majoring in psychology.[3] I'm also on my college rugby team[4] and a big soccer fan.[5] I'll be happy to check your Japanese if you'll check my English! Please get in touch with me if you're interested.

（こんにちは！僕はタイチといいます。英語を練習するためにペンパルとやり取りできればうれしいなと思っています。僕は大学生で心理学[3]を専攻しています。また，大学のラグビーチームに属していて[4]，大のサッカーファン[5]でもあります。もし僕の英語をチェックしてくれるなら，僕も喜んであなたの日本語のチェックをします。もし興味を持ってくれたら，ぜひ連絡をください。）

▶その他の表現

3)

経済学	economics	工学	engineering
経営学	business	数理学	mathematics
社会学	sociology	物理学	physics
言語学	linguistics	科学	science
文化人類学	anthropology	化学	chemistry
教育学	education	生物学	biology
英文学	English literature	医学	medicine
国文学	Japanese literature	農学	agriculture
法学	law	獣医学	veterinary medicine
宗教学	religious studies	環境学	environmental studies

4）（普通は，team の前置詞には on，club の前置詞には in を使います。team は，競うために選ばれた小さなグループのことを指します。club はだれもが参加できるグループのことです。squad は，team のように選ばれたグループのことですが，競うことが主な目的ではありません。）

バスケットボール部　on the basketball team
チアリーディングチーム　on the cheerleading squad
ラクロス部　on the lacrosse team
テニス部　on the tennis team
新体操部　on the rhythmic gymnastics team
卓球部　on the table tennis team
野球部　on the baseball team
バレーボール部　on the volleyball team
柔道部　on the judo（Japanese art of self-defense）team
剣道部　on the kendo（Japanese art of fencing）team
弓道部　on the kyudo（Japanese art of archery）team
吹奏楽部　in the brass band club
コーラス部　in the chorus club
茶道部　in the Japanese tea ceremony club
華道部　in the Japanese flower arrangement club
演劇部　in the drama club
合気道部　in the aikido（art of weaponless self-defense）club

5）
ジャズのファンです
　a fan of jazz
体を動かすのが大好きです
　an exercise fanatic
日本の伝統文化に興味があります
　interested in traditional Japanese culture
歌を歌うことが得意です
　good at singing
着物の着付けが得意です
　good at wearing kimonos

■プロフィール・サンプル──社会人の場合

> Hi, my name is Ayumi, and I'd like to hear from people who are interested in doing language exchange via email. I'm in my 20s[6] and work at a large company[7] in Japan. In my free time, I enjoy drawing and watching movies, especially American and Korean movies[8]. Please get in touch with me if you'd like to have a Japanese pen pal--I'm looking forward to your email!
> （こんにちは，私はアユミといいます。メールを通じて言語交換をすることに興味を持っている人たちとやり取りしたいと思います。私は20代[6]で日本で大企業に勤めています[7]。時間がある時は，絵を描いたり，映画鑑賞を楽しんでいて，映画では特にアメリカと韓国映画が好きです[8]。もし日本人のペンパルがほしいと思ったなら，ぜひ私に連絡をしてください，あなたからのメールを心待ちにしています！）

▶その他の表現

6）
10代★　teens（13歳以上）
10代後半　late teens
30代　30s
30代前半　early 30s
40（50，60，70）代　40s（50s，60s，70s）

7）
（事務として）総合商社　at a trading company（as a secretary）
（営業職として）証券会社　at a securities company（as a sales person）
（管理職として）メーカー　for a manufacturer（as a manager）
（教員として）高校　at a high school（as a teacher）
（事務として）大学　at a university（as a secretary）
外資系企業　at a foreign company

★ 10（ten），11（eleven），12（twelve）にはteenが含まれないので，10～12歳をpre-teensと呼び，13～19歳をteensと呼びます。

ホテル　at a hotel
病院　at a hospital
法律事務所　at a law firm
会計事務所　at an accounting firm
塾　at a private tutoring school
ファーストフード店　at a fast food joint/restaurant
家族経営の店　at a mom and pop store
販売職　in sales
サービス業　in the service industry（会社ではないので，通常 at より in を使う）
オフィスで　in an office
小売業　in retail
専業主婦　as a homemaker/stay-at-home mom★

　欧米人は，仕事について尋ねられた時，「オフィスで働いています（in an office）」とか「販売をしています（in sales）」などのあいまいな表現を使う傾向があります。work in sales の場合は，具体的な商品はわかりませんが，販売職であるということを意味していて，work in an office の場合は企業の事務職から管理職までを含む表現となります。このように，チャットやメールであまり知らない人たちとコミュニケーションをする時に自分の職業についてあいまいにしがちなのは，仕事は社会的な地位を示すものなので，それをはっきり伝えることで軽く見られたり，あるいは自慢していると思われたくないからです。どちらにしても，相手と対等ではないと思われてしまう恐れがあるので，英語母語話者の場合，ある程度相手と親しくなるまでは，自分の仕事についてはあいまいに答えることが多いのです。

★専業主婦も立派に働いているのだという意識から，work as …（〜として働いている）と表現しています。

8)
習字を書いたり，友達と長電話をすること
　practicing calligraphy and talking to my friends for a long time on the phone
テレビゲームをしたり，DVD を観ること
　playing video games and watching DVDs
ジョギングしたり，ネイルすること
　jogging and having my nails done
洗車したり，ドライブすること
　washing my car and going for drives
夏はサーフィン，冬はボードをしたりすること
　surfing in the summer and snowboarding in the winter
温泉に行ってのんびりすること
　going to hot springs and relaxing
ただひたすら寝ること
　sleeping heavily

❸——セキュリティー

　まず何度も言いますが，個人情報は絶対に伝えるべきではありません。名前もニックネームにすべきですし，相手があなたの ASL（Age/Sex/Location：年齢 / 性別 / 住所）を聞いてきた場合も，性別以外，最初からはっきりと答えるべきではありません。かといって，全く違う場所とか，年齢にしてしまうと，後で話が食い違ってきたり，本当に話したいことが話せなくなってしまいますので，嘘はつかないことです。それに何より，嘘をついていると相手をだましているような気がして気分が良くありません。嘘をつくのではなく，「まだこの段階では，はっきり言わない」ということを原則にしてください。例えば，住んでいる場所は漠然と the east part of Japan（日本の東部）とか都市名だけにしておいたり，年齢は under 30 years old（30歳未満）など，あいまいに答えておきましょう。
　名前のニックネームも，ネット上で自分が呼ばれたい名前を考えてそれを使いましょう。日本人は，全く違う名前で呼ばれることに抵抗があるかもし

れませんが，実際にアメリカなどでは，本名とは全く関係のないニックネームを自分の名前として使うことはよくあります。ちなみに，筆者（松本）の友人で大学の先生をしているアメリカ人は，学生にも自分のことを Rube と呼ばせていて，論文もその名前で載せていました（Rube というのは，なんと「田舎っぺ」という意味なのです！）。

　もし写真を送ってほしいと頼まれても，長い間やり取りを続けて信頼できる相手だということがはっきりしないうちは，絶対に送るべきではありません。その代わりに，自分が似ていると言われるタレントの写真が出ているウェブページの URL を送って，I'm often told I look like him/her.（この人に似ているとよく言われます）などと言っておきましょう。また，近くに住んでいる人から会おうと誘われても，絶対に会うべきではありません。恋人探しを目的にチャットをしているわけではないのですから，それをはっきり伝えましょう。

　複数でおしゃべりをするチャットルームで知り合った人から，個人的にチャットできるプライベートチャットルームへ誘われることもあります。プライベートチャットルームでは，よりゆっくりとお互いのペースでコミュニケーションができるのが良い点です。でも，中には性的な内容のコミュニケーションを求める相手がいるかもしれませんので，その場合には返事をせずに出てしまっても，相手に対して悪く思う必要はありません。

　また，あまり知らない相手から送られてきたファイルを気軽に開けてはいけません。ファイルの中にはコンピュータから情報を盗んだり，コンピュータに害を及ぼすようなウィルスが含まれている場合もあるからです。

　こういう話をすると，だんだん怖くなって，もうネット上での交流はやめておこうと思う人がいるかもしれませんが，どの世界にも悪い人はいるものです。街を歩いていても，どんな人に出会うかもしれません。確かにネット上では匿名でいられるので，街よりも悪い人の割合は多いのかもしれません。しかし，街で悪い人に出会ってしまうと，大変なことに巻き込まれる恐れがありますが，ネットの世界では，こちらがこうしたセキュリティーに気をつけてさえいれば，被害にあうことはないのです。まず，真面目に外国語のコミュニケーション能力をつけようとする人たちが集まっているサイトを選ん

で，その中でさらに慎重に相手を選べば，決して心配するようなことはありません。

　さあ，それではいよいよ，ネットの世界に入って行きましょう。

●───準備篇のまとめ

　英語で何とか自分を表現できるという自信と，話したい話題ができれば，もうしめたもの，すぐにでもネットで英語コミュニケーションが楽しめます。ただし，「時々気が向いたときに」，というやり方では力がつきません。かといって毎日話していても，日常の簡単なおしゃべりだけで満足していたのでは，ほとんど英語力は伸びず，時間の浪費に過ぎないのです。大切なことは，毎日習慣的に英語コミュニケーションを楽しみながら，どんどん新しい表現・話題に挑戦して，自分の英語を豊かにしていくことです。心を動かしながら，工夫しながら，挑戦しながら英語を使っていれば，必ず本物の英語コミュニケーション能力が大きく育ってくるのです。

　さあ，それでは，実践篇で英語コミュニケーションを始めましょう。

実践篇

今日からさっそく英語コミュニケーション

　ネットを使って英語コミュニケーションを楽しむには，主に4つの方法があります。そのそれぞれについて，詳しく説明しますので，自分にあった方法を選んで，今日から早速，地球のいろいろな所に住んでいる人と，英語コミュニケーションを始めてください。私たちはみな地球市民，世界はひとつ，ということを改めて実感できることでしょう。

I. より取り見取り，4つの方法

1. メール

❶――手紙との違い

　一般的に，メールは手紙に比べると口語的で話し言葉に近い表現を使う傾向があります。ですから，英文レターの書き方にならってメールを書くと，時として堅苦しく，よそよそしい印象を与えてしまいます。形式に関しては，特にフォーマルな日本語の手紙の場合，前文として季節を感じさせる話題（時候の挨拶）から書き始めることが礼儀とされますが，英語の場合，そのような習慣はありませんので前文はいりません。

　日本語の手紙では，「拝啓」や「謹啓」で始めて「敬具」などで終えるのが正式な書き方だと考えられているように，フォーマルな英語の手紙を書く場合，通常 Dear ～（親愛なる～様）で始め，Sincerely（Yours）（心をこめて）などで終えるとされています。しかしこれらの表現は，メールの場合には一般的に堅苦しく思われがちです。メールでは，たとえ知らない人同士でも，Hi や Hello で始まり，最初からお互いのファーストネームを用いる傾向があります。また，たいてい何通かメールのやり取りをするうちに，メッセージの書き出しは何もつけずに始まり，結びの表現も，簡潔に Thank you. や Take care. を使うようになります。

　このように，言語が異なれば形式も違い，同じ言語でも手紙とメールでは書き方に違いがあることに注意しましょう。

❷――サンプル

Hi Shannon[1),

How are you doing? Sorry I haven't emailed you for a while. I have been pretty busy these days.

How is life in the USA? I guess you are pretty happy and busy with a new school and new people. Like you, many things have happened to me, too. You will be surprised!

We've got a lot of things to catch up on. Please let me know when you have time, and we can talk via Skype!

Take care[2],

Daisuke

(こんにちは，シャノン[1]

　元気ですか？しばらくメールの返事ができなくてごめんね。最近，かなり忙しいんです。

　アメリカでの生活はいかがですか？きっと新しい学校や人々との出会いで，忙しくしながらも楽しく生活していることと思います。あなたと同様に，たくさんのことが僕にも起きています。きっと驚くよ！

　お互いに積もる話があるので，時間のあるときを知らせてね，スカイプ（☞ p.91）でチャットをしましょう！

　じゃあ，またね[2]

　大介）

1) よく使われるカジュアルな書き出しの表現

　Hi [Name],
　Hello,
　Hi there,
　Hiya, （とてもくだけた表現）
　How's it going?
　What's up?
　How are things?

2) よく使われるカジュアルな結びの表現

　Take care,
　Bye,
　Thanks,
　Hope to hear from you soon,
　Looking forward to hearing from you,

❸ サイト紹介

▶ **PenPal Party** <penpalparty.com>：170ヶ国から2万人のメンバーが参加しています。自分のプロフィールを載せなくても参加でき，希望するパートナーの年齢や使用言語などから検索して，パートナー候補にメールが送れます。サイトルールとして純粋にメールパートナーを探すことを掲げ，学校でも利用ができる配慮をしているので，真面目にパートナーを探しているメンバーが多いようです。

▶ **Penpalnet** <penpalnet.com>：世界中に100万人以上のメンバーがいて，年齢や国，性別などによってメールパートナーを検索します。登録後，気になったメンバーのユーザーネームをクリックすると，趣味や職業，どのようなパートナーを探しているのか，などの詳しいプロフィールを見ることができ，1日2通までメールを送ることができます。

▶ **International Pen-Friends Network** <pen-friends.net>：メンバーの国（およそ140ヶ国）によってカテゴリー化されているので，特定の国や地域に住んでいる人と交流したい場合には特に使いやすいサイト。ウェブボードやゲストブックなどの機能も備えています。

▶ **japan-guide.com** <japan-guide.com>：日本に興味を持っている18歳以上の外国人と日本人の橋渡しをしようとするサイトなので，返信率も高くなります。Forumをクリックして，Classified AdsのFriendsをクリックすると，希望するパートナーに関する検索画面があらわれるので，性別，年齢，職業，興味を選択してパートナーを見つけることができます。

❹ やり取りを止める時

上のようなサイトで見つけた相手と交流を始めてから，色々な理由で止めたいと思うことがあるかもしれません。もしあなたがチャットやメールをしている時に，不愉快に感じたりプレッシャーを感じたりすることがあれば，あなたからやり取りを止めても全く問題はありません。途中でチャット画面を閉じてしまっても構いませんし，メールに返事をしなくてもいいのです。相手に対して少し失礼に感じるかもしれませんが，相手があなたを不愉快な

気持ちにさせたのですから，気にすることはありません。

　しばらく続いた相手とのやり取りを，こちらの都合で止めたくなった時は，どうしてこれ以上続けられないのかを丁寧に説明する必要があります。例えば，My school [work/family] is taking so much time that I can't continue emailing.（学校（仕事/家族のこと）がとても忙しくなり，あなたとメールを続けられなくなりました）という理由は，（その真意はどうであっても）丁寧な断り文句となります。そして，もし二度とその相手にメールを送るつもりがない場合でも，またいつか機会があったらやり取りができるかもしれないという，ある程度の期待を表現することが，丁寧でもあるのです。礼儀正しい人は，white lie（悪意のない嘘）を許容してくれます。失礼な人はあなたのwhite lieを無視してメールを送り続けてきたり，プレッシャーを与えてきたりするかもしれません。その場合は，相手が失礼な態度をとっているのですから，あなたが無視しても失礼にはなりません。こちらが誠意を持って対応したのなら，あなたを不愉快にさせる相手を無視することを，心苦しく思う必要はないのです。

　それではここで，やり取りを止めたい時のメールと，逆に断りのメールを受け取った時のメール，そして返事が来ないので，自分からのメールを受け取っているか確認する時のメールのサンプルをあげておきます。

■断りのメールのサンプル

1

Dear John,★

I'm sorry to be so late with my response. Things have been really crazy here recently. In fact, I'm sorry to say that I probably won't be able to keep emailing you with any regularity. Thank you for all you've taught me about English, and good luck in the future.

（お返事がこんなに遅くなってしまってごめんなさい。最近，私の周りでたくさんのことが起きています。実際のところ，心苦しいのですが，おそらく今までのように定期的にメールのやり取りをすることができなくなります。今まで英語について教えてくださって本当にありがとう。今後のご多幸を願っています。）

Mieko

★一般的にメールでは，フォーマルな感じがする Dear ... という形はあまり使いませんが，この例のように，長く続いていた人とお別れするようなときは，少し改まって Dear ... を使うのが普通です。実際にこういう別れの手紙を Dear John letter と呼ぶこともあります（相手が女性なら Dear Jane letter です）。

2

Dear John,
Thanks for your recent email. I hope you're doing well this week!
I'm really sorry to have to say this, but studying for exams has left me so stressed and busy that I don't think I'm going to be able to email you regularly at least until they're done. I've enjoyed our conversations and I hope maybe we can pick them back up one day.
(メールをどうもありがとう。今週もお元気にお過ごしのことと思います。このようなことを伝えるのはとても残念ですが，最近では試験のための勉強に追われてとても忙しく，少なくとも試験が終わるまでは今のようにメールをあなたと続けることができないと思います。私たちのやり取りはとても楽しかったので，いつかまた話せることを願っています。)
Mieko

3

Dear John,
It was great to hear from you. I'm sorry it's taken me so long to get back to you. I feel really badly about this, but I've been so busy lately that I'm really not sure I'll be able to keep in touch with you for the foreseeable future, so it might be best if you find another email partner--★I wouldn't want to slow you down. Maybe when life calms down a little we'll be able to reconnect--until then, I'm wishing you all the best. Thanks for the correspondence!
(連絡をどうもありがとうございました。お返事をするのにこんなに時間がかかってしまってごめんなさい。こんなことをお伝えするのはとても辛いのですが，最近の私はとても忙しくて，当分の間あなたと連絡を取り続けることができるかどうかが

わからなくなっています。ですから，他のメールパートナーを見つけていただければと思っています。あなたの学習のペースを遅くしたくはありません。いつか生活がもうすこし落ち着けば，またやり取りできるでしょう。その時まで，あなたの幸せを願っています。今までお付き合いくださって，ありがとう！）
Mieko

★2つの文をつないでいる -- は，ネット上で時々見かけます。前後の文の関連が強く，ピリオドで離してしまうと感じが出ないような時に使われます。

■断られた時のメールのサンプル

Hi there Mieko!

I'm sorry to hear that things have been busy for you right now. Of course I understand that you need to take a break for a while. I hope that your life becomes less crazy and you have more time for yourself soon. It's been fun emailing with you!

（いろいろ忙しくなったと聞いて残念です。しばらく休まなければという事情はもちろんよくわかります。そのうち，もう少しゆとりができて自分の時間が持てるように願っています。あなたとのメールは，とても楽しかったですよ！）

Your friend,
John

■返事がない時のメールのサンプル

Hi John,

I hope you are doing well. I haven't gotten a response to my last email, so I wanted to check and see if you got it.

（お元気にお過ごしのことと思います。あなたに出したメールへのご返事がありませんので，私のメールを受け取られたかどうか確認したいと思います。）

Thanks,
Mieko

2. テキストチャット

テキストチャットは，自分の送ったメッセージが瞬時にパートナーに伝わり，それに対するパートナーの反応もすぐにわかるという点で，メールより

もお互いを身近に感じることができます。また，メールよりも口語的な表現が用いられるので，カジュアルな英語を学びたい人にも適しています。わからない単語や表現があった場合でも，すぐにパートナーに確認することができるのも魅力のひとつです。まだ英語の聞き取りや自分の発音に自信がなくても，テキストチャットなら大丈夫。これでまずお互いをよく知り，仲良くなっておけば，ボイスチャットやビデオチャットも安心して始めることができるでしょう。

❶——メールとの違い

　メールとテキストチャットのペースはかなり違うので，使われている言葉もその違いを反映しています。メールはチャットに比べて，相手に送る前に何度も読み直したり書き直したりできるので，よりフォーマルで全体的にしっかりとした構成の文章になる傾向があります。

　一方，チャットでは，一度に2つ以上の長い文を送ることはほとんどありません。例えば，When I was a child I wanted to be a ballerina, but when I got older I changed my mind and wanted to become a librarian. I really loved libraries. のような長いメッセージも，チャットの場合は以下のように，文や節に分けて送ります。

> Jean：When I was a child I wanted to be a ballerina ...
> Jean：But when I got older I changed my mind
> Jean：and wanted to be a librarian.
> Jean：I really loved libraries.

　チャットで一度に長いメッセージを送ると，迅速なやり取りを妨げたりペースを乱したりするので，メッセージは断片的になりがちです。上の例では，最初の文章の終わりを ... としていますが，これは，彼女の考えがまだ最後までまとまらずに，もう少し続くことを相手に伝える役目をしています。そして，相手はこれを受けて自分の反応を考え始めることができるのです。

❷ 文字による会話の進め方

　チャットやメッセージボードなどであまり長い文を送ると，tl; dr と返されたりしますが，これは too long; didn't read（長すぎるから読んでいません）という意味で，「メッセージが長すぎてイライラし始めています」ということを簡単に伝えるものです。チャットでの会話は，ピンポンゲームのようにお互いにすばやくたくさんのメッセージをやり取りするので，長いメッセージを書く人は会話を独占しているような印象を与えてしまい，多少なりとも失礼に感じられるのです。チャットの場合は，一度に送るメッセージをできるだけ1文にとどめ，いったん相手に送ってから，またすばやく新たにメッセージを送るというように，短いメッセージで相手とテンポ良くやり取りができるように心がけましょう。

1）チャット特有の表現を知ろう！

　テキストチャットで使う英語の面白い，そして複雑な特徴のひとつが，話し言葉と書き言葉が混在していることです。つまり，テキストチャットは一応書くことによるコミュニケーションには違いないのですが，実際には話し言葉のような表現がたくさん使われるのです。例えば，例外的なつづりやスラングを使ったり，略式の，あるいは意図的に文法から外れた表現を使用したり，かなりの間違いも気にしない，などの特徴です。これは，インターネットで英語を使ってコミュニケーションをしようとする非英語母語話者にとっては，とても紛らわしいものです。

　このセクションでは，インターネット英語のユニークな特徴を説明しますが，このような英語を初心者の皆さんも使うようにと勧めているわけではありません。ただ，知っておけば，チャット中にこのような表現を見た時に，ずいぶん相手の意図を理解しやすくなるのです。

■顔文字（Smileys/Emoticons）

　顔文字は，話し手の感情をしっかりと伝える方法としてインターネットのコミュニケーションではよく使われる表現です。日本のスマイルマークは (^_^), *^_^* など，タテ向きに描かれますが，英語のスマイルマークは :-), :)

のように，ヨコ向きに描かれます。英語のスマイルマークを見るためには，頭を横に傾けなければいけません。このように，感情表現に関しては日本語といくつか違う点があります。よく使う英語の感情表現としては，次のようなものがあります（鼻を表す横棒は，書かない場合もあります）。

- ▶ :-P　（舌を出している）
- ▶ ;-)　（ウィンクしている）
- ▶ :-D　（笑っている）
- ▶ XD　（目を細めながら笑っている）
- ▶ :-(　（悲しい，困っている）
- ▶ 8-)　（眼鏡をかけている）

　欧米の若者の多くは，日本のスマイルマークについても知っていますし，時には実際に使ったりもしますが，相手によっては理解されないこともあるということを覚えておきましょう。

■頭字語・略語（Acronyms）

　不可解なインターネット英語の多くは，チャットでのコミュニケーションのスピードが速いために生まれたものです。時間を節約するために，使われる頻度の高いフレーズについては，頭字語・略語が使われることがよくあります。

　笑いについて，よく見かける LOL は，Laughing Out Loud の頭字語ですが，とてもよく使いますので，ほとんどの英語母語話者は，これを見ただけで本当に笑い声を聞いたような気になってしまいます。これは文末でよく使われ，次のように大文字でも小文字でもかまいません。

　　Thank you so much for sending me that funny picture, LOL!（lol!）

　ネット上でよく使われる笑いの表現としては，この他にも次のようなものがあります。

▶LMAO（Laughing My Ass Off）：この少し無作法な表現（ass は「尻」の俗語）は，LOL よりも強い笑いを表現します。

▶ROTFL, ROFL（Rolling On The Floor Laughing）：椅子から床に転げ落ちてしまうくらい大笑いしている，ということを意味しています（たぶん文字通りではないでしょうが）。

▶ROTFLMAO（Rolling On The Floor Laughing My Ass Off）：上記の 2 つを合わせて笑いを表現しています。

その他，よく使われる頭字語・略語には，次のようなものがあります。

▶BTW（By The Way）：「ところで」

▶BRB（I'll Be Right Back）：「すぐに戻ります」この表現は PC から少し離れる必要がある時などに使える便利な表現です。

　例）Phone, sorry. BRB.（電話だ，ごめんね。すぐ戻ります。）

▶ OMG（Oh My God）：「え〜っ」，「どうしよう」などの驚きの表現

▶ WTF（What the Fuck）：「いったい何が」

▶AFK（Away From the Keyboard）：「キーボードから離れている」という状態を意味します。

　例）Sorry, I was AFK to talk to my mother. What did I miss?（ごめんね，お母さんと話すためにキーボードから離れていました。私がいない間に何かありましたか？）

▶IMHO（In My Humble Opinion）：自分の意見を言おうとする時に便利な表現です。「ただの私の取るに足らない意見だけれど」という感じで，言おうとしていることの響きを和らげてくれます。

　例）IMHO, that behavior is terrible!（ただの私の考えですが，あの行動はひどいと思います！）

▶JK *or* J/K（Just Kidding）：「冗談だよ」

▶NP（No Problem）：「問題ないよ」「構わないよ」

▶OTOH（On The Other Hand）：「その一方で」

その他，ネット上で注意するべき表現には次のようなものがあります。

▶ASL（Age/Sex/Location）：年齢，性別，住所を聞く時に使われます。手っ取り早く付き合える相手を探しているような時によく使われますので注意してください。
　例）asl? What's ur（=your）asl?（あなたの年齢，性別，住所は？）
▶HAB（Hot Asian Babe）：「セクシーなアジアの女性」を意味しますが，品の良い表現ではありませんので，一般的な褒め言葉としては使われません。
　例）ru a HAB?（=Are you a HAB）?（君ってセクシーなアジア人女性なの？）
▶NSFW（Not Safe For Work）：「仕事中はまずいよ」との意味から，性的な，あるいは動揺させるような内容を含む写真やチャットなどに対して使われます。

　これ以外にも，頭字語ではありませんが，次のような言葉には注意してください。

▶Cyber：Cyberという単語そのものの意味は「コンピュータに関係した」という意味ですが，チャットで使われる場合には性的なチャットを意味します。
　例）wanna cyber?（性的なチャットをしない？）
▶Pr0n or pron：正しくはpornで，これは性的な意味を表現しますが，セキュリティーによる文字の選別機能によってブロックされることを避けるために，わざとつづりや文字そのものを変えて使っています。

　チャットで使う頭字語について，もっとたくさん知りたい人は，<acronym-guide.com/chat-acronyms>のリストを参考にしてください。

■単語としての文字や数字の置き換え（Letters and Numbers as Words）

　メッセージを短くするために，単語と同じ発音の文字や数字を，単語の代わりに使うことがあります。例えば，youはuと表現されることがあり，forは4に，areはrとなります。ですから，R U there? は Are you there?（そこにいますか？）を意味します。これ以外にも，次のような置き

換えがあります。

- ▶C：see
- ▶Y：why
- ▶2：to/too
- ▶NE1：anyone
- ▶l8er：later
- ▶B：be

■単語の短縮（Shortened Words）

スペースを節約するために，単語を短縮することがあります。例えば，thnx や thx は，thanks の代わりに用いられ，pls や plz は please を意味します。次のような短縮もよく見かける例です。

- ▶ O RLY?（Oh, really?）：「えー，ホント？」国際空港があるフランスの都市 Orly と区別するために，普通は全部大文字にしてスペースを入れます。
- ▶ srsly（seriously）：「本気で」「まじで」
- ▶ K/kay（okay）：「わかりました」「了解」
- ▶ kthxbai（okay, thanks, bye）：「わかったよ，ありがとう，さようなら」
  たいていの場合，冗談っぽく，あるいは軽くあしらう感じで使われます。
- ▶ pic（picture）：写真，絵
  例）Send me ur（=your）pic?（あなたの写真を送ってくれませんか？）
- ▶ peeps（people/friends）：人々，友人

■口語的な綴り（Oral Spelling）

インターネット英語は，くだけた口語的な英語と形式ばった文語的な英語との間に位置しています。そのため，多くの人が発音通りに書こうとします。つまり，多くのよく使われるフレーズを，実際に話される時のようにひとつに続けて書いてしまうということです。例えば，going to の代わりに gonna を，want to の代わりに wanna を使ったりします。その他のフレーズや単語については以下のようなものがあります。

- ▶Dontcha：don't you
- ▶cuz/cos：because
- ▶hafta：have to
- ▶whatcha：what are/do you
- ▶dunno：don't know
- ▶gotta：got to
- ▶woulda：would have
- ▶shoulda：should have
- ▶coulda：could have

■文字の繰り返し（Repeated Letters）

　話し言葉の英語に強調を加えるときの表現のひとつとして，音を長く発音することがあります。I'm so hungry! よりも I'm soooooo hungry! の方が，とってもお腹が空いている，という気持ちを強調して伝えることができます。もし同じ文字が多く繰り返されていたら，それは強調を意味するのだと理解してください。

　例）That's toooooo sad!　（それはとーーーーっても悲しいね！）
　　　Whyyyyyyyy?　（なぜ〜〜〜？？）
　　　Nooooooo!　（いやーーー！／だめーーー！）

■音の効果（Sound Effects）

　日本語と同様，インターネットでは，擬音語（実際の音をまねて言葉とした語）や擬態語（様子などをいかにもそれらしい音にたとえた語）をたくさん使います。それらの単語の多くは勝手に作られるため，辞書には載っていませんし，インターネット特有の単語もあります。多くは書き手の感情を表すもので，とてもよく見かけます。そして，中にはとても風変わりで，時々変化する単語もあります。

- ▶blah/blarg：bored or disgusted（退屈だ，うんざりする）
- ▶gah：unpleasant surprise（不愉快な驚き）
- ▶meep/merp：a small sound of surprise（驚き）
- ▶squee：a delighted sound（嬉しい）
- ▶rawr：a sound like a lion（ライオンの声のような音）
- ▶ugh：disgusted surprise（ゾッとする驚き）

- ▶um/er：filler（あの〜，えっと…のような，つなぎ言葉）
- ▶whee：excitement（ワクワク感）
- ▶wibble：about to cry (the sound your lower lip seems to make when it trembles)（泣きそうで下唇が震える様子をたとえた音）
- ▶woot/w00t：happy satisfaction（やった！のような，満足で幸せな時の表現）

■様子（Posing）

チャットの合間に，単語を「*（アステリスク）」や「＜＞（キャレット）」で挟んで，どのような表情や動作，気持ちなのかを相手に伝えることがあります。例えば，I hope you're feeling better soon! *smiles* という文章が送られてきた場合は，書き手が smile していることを示していますし，もし <happy dance> と送られてきたら，踊りだしてしまうほど嬉しい，という気持ちを表現していることになります。

■うっかりつづりを間違えた語（Accidentally Misspelled Words）

インターネットでのコミュニケーションはスピードが重視されるので，つづりの正確さを気にしない人も多いようです。英語母語話者は前後から文字を予測できるため，つづりが間違っていても容易に理解することができます。私たちの脳は，間違いを自動的に訂正できるのです。

2003年に，言葉について議論するサイトに次の文章がよく掲載されました。

"Aoccdrnig to a rscheearch at an Elingsh uinervtisy, it deosn't mttaer in waht oredr the ltteers in a wrod are, the olny iprmoetnt tihng is taht the frist and lsat ltteer is at the rghit pclae. The rset can be a toatl mses and you can sitll raed it wouthit porbelm. Tihs is bcuseae we do not raed ervey lteter by itslef but the wrod as a wlohe."

<http：//www.languagehat.com/archives/000840.php>

この内容に科学的根拠があるかどうかは別にして，英語母語話者なら，この文章を次のように正しく読むことはとても簡単です。

> "According to a researcher at an English university, it doesn't matter in what order the letters in a word are, the only important thing is that the first and last letter is at the right place. The rest can be a total mess and you can still read it without problem. This is because we do not read every letter by itself but the word as a whole."
> （英国の大学の研究者によると，単語の中の文字の並び方は関係なく，唯一大切なことは，単語の最初と最後の文字が正しい位置にあるかどうかだけだということである。残りの部分は完全にめちゃくちゃであっても，問題なく読むことができるのだ。これは，私たちがすべての文字を読んでいるのではなく，単語をひとまとまりとして読んでいるからである。）

　でも，英語母語話者ではない人にとっては，これはかなり難しいことです。ですから，もし正しくないような単語を見た時には，最初に書いた人が速く書こうとしすぎていくつかの文字を逆にタイプしたのではないかと考えてみてください。例えば, teh (the) や taht (that)，などが挙げられます。実際に，今ではわざと the を teh と書いて，面白い効果を狙う場合もあります。もし単語が何かわからなかったら，残りの文章を読んで文脈から単語を予想してみてください。例えば，I'm goind to a movei later は，おそらく I'm going to a movie later ですよね。

■わざと間違ったつづりの語（Deliberately Misspelled Words）
　インターネットの英語では，面白い効果を狙って，わざとつづりを間違えている語があります。例えば，(e)s で終わる語の (e)s の代わりに pleaz, haz, LOLz, cheezburger など z をつける場合があります。これには，深い意味があるわけではなく，ただ z とすると面白い感じになるからです。

■ローキャット：わざと間違えた英語のつづりによるジョーク（LOLcats）
　インターネットでは，面白い写真を作るためにインターネット英語のユ

ニークな特徴を利用した，たくさんの種類のジョークがあります。それらはローキャット（LOLCAT：LOL+cat）と呼ばれ，ネコの写真にわざと間違った文法やつづりの面白い英語の表題をつけたものです。うまい lolcat を見ると，人々がネット上で英語を楽しもうとしていることがよくわかります。

　上の写真では，短縮した単語（research の代わりに resurch）や，わざと間違えたつづり（is の代わりに iz），口語的なつづり（work の代わりに werk）が使われています。LOLspeak と呼ばれる他の多くの例を見たければ，<icanhascheezburger.com> にアクセスしてください。

2）テキストチャットの流れに乗ろう！
■チャットの始め
　会話をどのように始めるかは，一番難しいことのひとつです。英語のチャットについて覚えておくと便利なことは，英語母語話者は質問をすることが大好きだということです。英語の会話では，たいてい相手に質問をして自分の

番が終わります。ですから，チャットの始め方としては，例えば Hi! I'm a college student in Japan. Where are you?（こんにちは，私は日本の大学生です。あなたはどこにいますか？）とか Hello! How are you today?（こんにちは，お元気ですか？）などとなります。あなたの相手が英語母語話者なら，ほとんどの人は質問に対してオリジナルの自分らしい答え方をすることが，形式に従うよりも大切だと考えているので，I'm fine, how are you? とは返してこないでしょう。もしかしたら Not bad, you?（まあまあだよ，君は？）とか，Horrible! I had a really bad day at work and my boss yelled at me. I hate my job!（最悪だよ！仕事で嫌なことがあって，上司に怒鳴られたよ。仕事が嫌だ！）などのような返事が返ってくるかもしれません。大事なことは，相手が言ったことを受けて会話を展開していくことです。

■チャット中

英語での会話は，とても速く話し手の順番が代わりがちです。ひとりが長い間話して，相手がそれをただ聞いているというよりは，お互いが大体同じくらいの割合で話し手になったり聞き手になったりするのが理想です。ですからチャットでも，長いメッセージを書くよりは，短いメッセージをたくさん書くことになります。例えば，

  Jim：Horrible! I had a really bad day at work and my boss yelled at me. I hate my job!

という長いメッセージよりも，次のように分けて書く場合の方が圧倒的に多いのです。

  Jim：Horrible!
  Jim：I had a really bad day at work and my boss yelled at me.
  Jim：I hate my job!

こうした英文は，とても速くタイプされるので，英語を母語としていない

人は圧倒されてしまうことでしょう。返事をするために文字をタイプし始めるたびに，返答を求める新しいメッセージを受け取ってしまいます。例えば，以下のような会話をよく目にします。

> Jim：I hate my job!
> （アサコは That's too bad.（それはお気の毒に）と書き始めようとしましたが，That's too まで書いた頃に新たなメッセージが送られてきます）
> Jim：Is your job bad?（君の仕事もひどいものかい？）
> （アサコは，That's too を消し，No, I like it（いいえ，私は好きです）とタイプを始めますが，No, I like を書いた頃に次のメッセージを受け取ります）
> Jim：What is your job, anyway?（それはそうと，君の仕事は何なの？）
> （アサコは No, I like を消して I work at a café（私はカフェで働いています）とタイプを始めます。でも，No, I work at まで書いた時に，また新たなメッセージが届きます）
> Jim：Hello? Are you there?（ハロー？そこにいるの？）

ジムの立場から見ると，アサコは何も返事を返していないことになるので，アサコがそこにいるかどうかすら，わからないのです。アサコは **That's too bad** のセンテンスを最後までタイプして，メッセージを送る必要があるのです。もし遅れたとしても，チャットには行き違いがつきものですから問題ありません。相手が英語母語話者なら，質問をするのが好きなので，たくさんの質問をしてくるでしょう。全部の質問に答えなくちゃ，と不安に感じなくても大丈夫です。もし重要な質問なら，相手が繰り返し質問をしてきます。ほとんどの場合，英語母語話者にとって質問をすることは，相手に興味を持っていることを示す方法なのです。ですから，現実のチャットでは，このようになる場合があります：

> Jim：I hate my job!

I．より取り見取り，4つの方法

81

Jim：Is your job bad?
Asako：That's too bad!
Jim：Yeah, I know! I want to quit!（そう，そうなんだよ。辞めたいなあ！）
Jim：But I can't, I need the money.（でも辞めることはできないんだ。お金が要るから）
Asako：My job is okay.（私の仕事はまあまあです）
Jim：Yeah, what do you do?（そうなんだ，仕事は何をしているの？）
Jim：Have you been doing it long?（その仕事は長くしてるの？）
Asako：I work at a café.（私はカフェで働いています）
Jim：I forgot to mention, I work at a hospital!（言い忘れてた，僕は病院で働いているんだ）
Jim：What kind of café?（どんなカフェ？）
Jim：I'm a nurse there.（そこの看護師なんだ）
Jim：Have been for five years.（5年になるよ）
Asako：A hospital? Is the work hard?（病院？仕事きつい？）

　チャットのスピードについていくことが難しいのなら，いつでもそのことを相手に伝えていいのです。もし言語交換サイトのメンバーなら，相手はあなたのことを寛容に受け入れてくれることでしょう。実際，正直にそう言えば，かなり気長に待っていてくれるものです。いつでも **I'm sorry, my typing is very slow**（ごめんなさい，私はタイプはとても遅いんです），あるいは **Give me a moment, my English isn't too great, lol**（ちょっと待って下さい，私の英語はそんなに上手じゃないんで（笑））と伝えればいいのです。

　最初に言ったように，英語母語話者は質問をすることが大好きです。そして，質問は英語でスムーズなチャットをするためのカギなのです。もしあなたが何を言えばよいのかわからなければ，**What about you?**（あなたはどうなのですか？）とか，**What do you think?**（あなたはどう思いますか？）と尋ねましょう。例えば，もしあなたが映画について話しているとして，ジョニー・デップを好きだったとしたら，**Who is your favorite actor?**（あなた

のお気に入りの俳優は誰ですか？）とか，**Do you like him too?**（あなたも彼が好きですか？），**What is your favorite Johnny Depp movie?**（ジョニー・デップの映画で，あなたのお気に入りは何ですか？）などと尋ねてみましょう。一般的に，理想的な英語のチャットの進め方とは，トピックが突然変わるような進め方ではなく，質問をしながら自然に話題が変わっていくことなのです。ですから，トピックを突然変えることは，英語母語話者にぎこちない印象を与えてしまいます。

　例えば，次のような例をどう思いますか。

Isabelle：Yes, I liked "Pirates of the Caribbean" very much.
Aiko：Do you have a pet?

　これは腹立たしい，あるいは嘆かわしいというほどの間違いではありませんが，質問して話の内容を膨らませながら，トピックを徐々に変えていく方が，より気持ちのいいチャットになるのです。

Isabelle：Yes, I liked "Pirates of the Caribbean" very much.
Isabelle：I went to see it with my fiancé.（私はフィアンセと観に行きました。）
Aiko：Oh, are you engaged?（あら，婚約しているの？）
Isabelle：We loved the ending!（映画のラストが特に気に入りました！）
Isabelle：I'm not engaged any more.（今はもう，婚約はしていないの）
Isabelle：Now I'm married!（今は結婚しているんです！）
Isabelle：Three months now.（3か月になります）
Aiko：Oh, congratulations!（えーっ，それはおめでとうございます！）
Aiko：How did you meet?（どうやって知り合ったの？）
Isabelle：Thank you!（ありがとう！）
Aiko：Did you have a big wedding?（盛大な結婚式をしましたか？）
Isabelle：We met on the subway!（地下鉄で出会ったの！）

この会話では，映画から結婚まで，質問を通して自然に変わっていることがわかります。おそらくこの会話はこの後，地下鉄のシステムの違いや，結婚式の種類などについてのトピックに及んでいくことでしょう。チャットをし始めてから1時間くらい経った頃に，Wow, how did we get to this topic?（わぁ，どうしてこんな話題になったのかな？）と言えば，自分たちをほめたことになるのです。それは，チャットがとてもスムーズに自然に弾んだことを意味しているからです。

■チャットの終わり
　チャットは終わることが難しい場合があります。やり取りの途中で，割り込んでさようならを言うタイミングなんて絶対にないように感じる時があるのです。さようならを言うことなく，単にウィンドウを閉じてチャットを終えたいような気持ちになることもあるかもしれませんが，これは相手に対して失礼になります。あなたも礼儀正しくお別れの挨拶をしたいと思うでしょう（でも，もし相手が失礼なことをしたなら，何も告げずに終わってもかまいません）。

　普通は，話がふと途切れるまで待ったりしますが，話の途中に割り込むことも，特に失礼というわけではありません。その場合，どうしてチャットを終えるのかの理由を付け加えると丁寧になります。たとえそれがチャットを終えるための white lie（悪意のない嘘）であってもいいのです。

　チャットを終える際によく使う表現としては，Oh, I'm sorry, but I have to go. I have to get something to eat（ごめんなさい．行かなくちゃいけません。食事しないと）とか，This has been great, but I have to do some homework before I go to bed!（とても楽しいんだけど，寝る前に宿題をしなくちゃいけないんです）などがあります。I'm sorry（ごめんなさい）と謝ったり，I've had a great time!（とっても楽しかったです）などと，ほめ言葉を付け加えると特に丁寧です。普通はその後，相手の Okay, I enjoyed talking to you too!（いいですよ，私もお話できて楽しかったです！）などの返事を待ってからチャットを終えます。

❸────サイト紹介

　最近では，テキストチャットのできるサイトにはボイスチャット機能もついている場合があるので，テキストチャットである程度仲良くなってから，ボイスチャットでさらに交流を深める，という楽しみ方も可能です。
　まず，言語交換を目的としたサイトとしては，次の3つがお薦めです。

▶**Shared talk** <sharedtalk.com>：ソフトウェアのインストールは必要なく，登録さえすればすぐ利用できます。サイトのレイアウトや説明もとても簡潔でわかりやすく，登録後すぐに参加できることから，初めてチャットをしてみようという人にはお薦めのサイトです。オンライン中のメンバーの紹介もあるので，その時々に応じて気軽に話しかけることもできますし，あらかじめプロフィールを検索し，仲良くなれそうな人を見つけ，メッセージを送りパートナーを募ることもできます。（日本語の説明あり。メール/テキストチャット/ボイスチャットが可能）

▶**Livemocha** <livemocha.com>：オンライン語学学習コミュニティとして，言語交換パートナー探しだけでなく，英語の基本的な学力向上のコースがレベル別で学習できるほか，パートナーとの会話練習のためのトピックや質問，シナリオなども利用できます。チャット画面には翻訳ツールもついているので，チャット中のわからない表現も，すぐに調べることができます。また，皆さんが日本語の講師として日本語学習者をサポートするコミュニティやフラッシュカードなどもあります。ヘルプの説明もわかりやすく，楽しく学習できる工夫がされています。（日本語の説明あり。メール/テキストチャット/ボイスチャットが可能）

▶**My Language Exchange.com** <mylanguageexchange.com>：言語交換パートナーを検索するだけでなく，テキストチャット，オンライン辞書，翻訳ツール，レッスンプラン，学習した単語や言い回しを保存することのできるプライベートパッド，ゲームなどが利用できます。ボイスチャットには**Skype**（☞ p.91）と**Paltalk**（☞ p.93）の利用を薦めています。また，メンバーを無料か有料かにより2種類に分けていて，レギュラーメンバー（無料）は，掲示板のメッセージ閲覧・投稿，言語交換のガイドラインとレッスンプランが利用できますが，パートナー検索についてはメッ

セージやテキストチャットへの参加に制限があり，自分から他のメンバーへコンタクトをとることができません。したがって，ゴールドメンバー（有料）からのパートナー希望メールを受けることで言語交換パートナーを見つけることになります。（日本語の説明あり。メール/テキストチャットが可能）

次に，言語交換を目的としていない交流サイトをご紹介します。英語力にある程度自信がある人は，ここで自由におしゃべりを楽しんでください。

▶**Second Life** <jp.secondlife.com>：このサイトは，世界中から多くのユーザーが参加しているオンライン3Dの仮想世界です。サイト内では，アバターと呼ばれるキャラクターを使って自分自身を自在に表現することができ，リンデンドルという通貨で買い物をしたりすることもできます。セカンドライフは言語交換パートナーを探すサイトではありませんが，英語をコミュニケーションツールとして使っているので，テキストチャットやボイスチャットを利用して，色々な国から参加しているユーザーと話してみましょう！（日本語の説明や登録画面あり。セカンドライフJAPANを詳しく説明しているサイトもあります<secondlife.chu.jp>，<www.sec-life.com>）

3. ボイス／ビデオチャット

ボイスチャットは，話しているパートナーの声を実際に聞くことができるので，メールやテキストチャットよりもさらに臨場感あふれるやり取りができ，パートナーに対する親近感が得られます。さらにビデオチャットになると，お互いの表情を見ながらやり取りができるので，実際に近くでおしゃべりをしているような感覚でコミュニケーションがとれます。

ボイスチャットというと，特に聞き取りの苦手な人や発音に自信のない人は，しり込みしてしまいがちですが，そんなに心配することはありません。たいていのボイスチャットサイトでは，しゃべりながら文字のやり取りもできるようになっています。相手が言ったことを文字で確認したり，自分の発

音で通じなかった言葉を文字で伝えたりすることもできるのです。心配しないで、どんどん話しかけてみてください。

　用意するものは、マイク付きヘッドセット（USBタイプで3,000円程度）です。また、ビデオチャットをしたい場合には、ウェブカメラ（2,000円〜1万円程度）も必要です。

❶───音声による会話の進め方
1）話し言葉の特徴

　英語の話し言葉は、書き言葉とかなり違う点がいくつかあります。ほとんどの英語母語話者は、沈黙を不快に感じるので、会話中の「間」を埋めるためのたくさんのつなぎ言葉（fillers）を使います。well は、like, you know と同様に、とてもよく使われるつなぎ言葉で、日本語の「〜ね」や「〜さ」にあたります。例えば、英語の会話では、I went to the store and saw Tim there. という文章が、Well, I went, you know, to the store. And, like, I saw, you know, Tim there. というように話されます。

　以前交わされた会話について説明するとき、said を使うことはほとんどありません。例えば、I saw Tim, and he said, 'Want to go on a date?' and I said, 'Sure!' というやりとりは、会話の場合はほとんど聞かれず、たいていは会話中に出てくる以前の会話の引用部分は was like, was all, went として表現されます。ですから、実際の会話としては、So I went to the store, you know? And, like, Tim was there. And he was like, 'Want to go on a date?' and I was all, 'Sure!' And then he went, 'I was kidding!' のようになるのです。

　驚きやショック、困惑などの感情を表現する単語はとても多くあり、man, boy, geez, gosh, dang, whoa, wow, good grief, holy smokes, damn などが挙げられます。実際の会話では、

▶ Man, that was a good movie.
▶ Boy, I can't believe I passed!
▶ Gosh, that's awful.
▶ Geez, what are you going to do?

などのように使われます。

　LOL（Laughing Out Loud），OMG（Oh My God），やWTF（What The Fuck：いったい何が）などのような，インターネットで使う略語はたくさんありますが（☞ p.72），若い人々の間では，実際に会話中にこのような略語を話し言葉として使うことが増えてきていて，例えば，That was great, El Oh El（LOL）やOh Em Gee（OMG），I don't believe it!, Double-You Tee Eff（WTF）などのように使います。特にWTFのFは，単語として発言するにはとても失礼な言葉にあたる語の頭文字なので，このように省略した形として使われることがよくあります。

　自然な速さの会話では，you knowがyannoに，going toがgonnaとなる場合があります。また，日本語の「へぇ〜」「ふ〜ん」「ええ」「うん」などと同様に，相手の話を聞いていることを示すためにuh-huh, yeah, really?, huh?というあいづちが使われます。またyesは，uh-huhと発音されることがあり，Noはuh-uh, I don't knowはidunnoとなることがあります。

2）ボイス / ビデオチャットを楽しむヒント
■話題の準備をしよう！

　話す話題がない時に話をしようとするのは，容易なことではありません。パートナーだけがずっと話をし続けるということはとても退屈なので，あなた自身が話せることを，前もって表現集（☞ p.21）を参考にして考えておくようにしましょう。よくある会話の話題は，天気や季節，食べ物や家族，仕事などです。あなたにとっては簡単で退屈してしまうかもしれない内容でも，相手にとってはとても面白い情報になるかもしれないということを心に留めておいてください。例えば，アメリカの高校ではほとんどの学生は制服を着ていませんが，スクールリングをはめていたり，学校の校章やスクール名が入ったジャケットを着ていることもあります。あなたの学校はどうでしょうか？　こうした違いについて話し合うことも，楽しい会話になるのではないでしょうか。

　世界的に話題になっているニュースについての話をするとか（Did you

hear about ...?），最近見つけたサイトについての話題を相手に聞いてみたりして（Have you seen "cuteoverload.com"?），共通の話題を持つことも，会話を弾ませる方法のひとつです。

■会話中の話題に関連するような話題を考えよう！

　もしコンピュータの話題で会話が弾んでいたら，会話に参加しながらコンピュータについてあなたが興味のある他の話題を考えましょう。例えば，新しいコンピュータやソフト，メール，インターネット・バンキング，公衆エリア無線 LAN サービス，紙を使わない職場環境など，簡単に思いつく話題でいいのです。それに関連する内容が表現集にあれば，あなたの方から自信を持って話題が提供できるのです。

■質問をしよう！

　What is your favorite type of movie?，What do you do in your free time?，How long have you worked at your job? など，英語母語話者は質問をしたり答えたりすることを好みます。

　あなたの質問に対しての返事があったら，"follow-up" question をしてみましょう。これは，最初の質問に対する返事に対しての，さらなる質問のことです。（Y=you，P=partner）

　Y：What kind of movies do you like to watch? ← Original Q
　P：I like action and romance movies.
　Y：Oh?　Have you seen Titanic? ←　Follow-up Q
　P：Yes, a long time ago.
　Y：And, what did you think? ←　Follow-up Q
　P：I liked it. How about you?
　Y：It was okay.
　P：Just okay?
　Y：I thought it was a little long.

この例では、質問はそれぞれが話題に関連しながら、会話としてつながっています。

■ディベートをしよう！

英語母語話者と話す時によくある方法のひとつが、ディベートをすることです。通常、ディベートは安全なトピックで行われるので、政治や宗教に関する話題は、特にそれが求められていない限り、避けられます。最もよくあるディベートのトピックは、スポーツや時事問題、食べ物やエンターテイメントなどです。

Y：I think Japan will do well in the next World Cup.
P：What? They are the weakest team from Asia!
Y：Well, they did qualify first for the 2010 World Cup.
P：True, but I think Australia is a stronger team.
Y：I guess we will have to wait and see who does well.
P：Of course. That is the fun of sports.

■時間を有効に使おう！

チャットは、ともすれば単なるおしゃべりになりがちです。英語でしゃべっているということだけに満足してしまい、毎回同じようなことを何人もの人と話していることが多いのです。そんなおしゃべりも確かに楽しいのですが、コミュニケーション能力を伸ばすためには、常に新しい表現を使い、新しい話題に挑戦するように心がけてください。

それともうひとつ、言語交換サイトでよく行われているように、相手が日本語を学ぼうとしている人なら、あらかじめ時間を決めて交代で先生と生徒の役割をすることです。例えば次のように提案してみてください。

Y：How long can you chat for today?（今日はどれくらいチャットできる？）
P：About one hour would be great.（1時間くらいならいいよ）

Y : Okay. Should we talk for the first half hour in Japanese and then the second half hour in English?（それでは，最初の30分は全部日本語で，残りの30分は全部英語でしない？）

P : Sounds good.（いいよ）

Y : If I say anything that sounds strange or wrong, please don't hesitate to tell me.（私がおかしなことや間違ったことを言ったら，遠慮なく言ってね）

P : Sure.（わかった）

Y : Okay then. Why don't you start off our Japanese conversation?（さあ，ではまずあなたから日本語の会話を始めて）

P : Konnichi-wa o-genki desuka …（こんにちは，お元気ですか…）

同じ1時間でも，こうすればうんと中身の濃い時間にすることができます。さあ，それでは，こうしたボイスチャットができるサイトをご紹介しましょう。

❷───サイト紹介

▶**Skype（スカイプ）** <skype.com>：言語交換パートナーを探すサイトに登録しているメンバーの多くは，このスカイプを使ってパートナーとのボイスチャットを楽しんでいます。ボイスチャットを体験したい方には，必ずチェックしていただきたいサイトです。（ビデオチャット，テキストチャットにも利用可能）

■初級・中級者対象

▶**Shared talk** <sharedtalk.com>（☞ p.85）

▶**Livemocha** <livemocha.com>（☞ p.85）

▶**My Language Exchange.com** <mylanguageexchange.com>（☞ p.85）

▶**italki.com** <italki.com>：このサイトでは，パートナーとのコミュニケーションツールとしてIMやSkypeを薦めていて，メンバーはどのツールを

利用しているかをお互いに公開します★。他の機能としては，英語学習のリソースサイトや英語学習グループ，翻訳ツールやメンバー参加型の質問・回答コーナー，メンバーで英語学習に関する資料を共有できるコーナーなどが設けられています。（日本語の説明あり。メール／テキストチャット／ボイスチャット／ビデオチャットが可能）

次のサイトは，言語交換パートナーを探すことを目的としていて，実際のチャットにはSkypeやIMなどの他のツールを利用します。

▶**The Mixxer** <www.language-exchanges.org>：このサイトでは，言語交換パートナーを検索し，サイト内でのメッセージボックスを利用して，ある程度お互いを知り合った後で，IMやSkypeを使ったやり取りを薦めています。また，クラス単位での言語交換を目的とした，教師用のクラスプロフィール作成のコーナーも設けられています。そして，書いた英語の文章を，サイトに参加している英語母語話者にチェックしてもらえるDocument機能を利用して，自然な英語の文章の書き方を学ぶこともできます。（日本語の説明あり）

▶**soZiety** <soziety.com>：このサイトでは，言語交換パートナーを検索し，気に入ったパートナーとのコンタクトにはサイト内のメッセージボックスを利用します。サイトにログイン中にRTT（Ready To Talk）ボタンをクリックすると，オンライン中の他のメンバーを知ることができ，Skypeを介してコミュニケーションをとることができます。multimedia zone!では，英語学習に役立つ動画をお互いに共有し合えたり，blog zone!では，英語学習に関するブログを書いたり，メンバーのブログを読んだりすることができます。また，flash cards gameでは，メンバーが作成したフラッシュカードを利用して，さまざまな言語を学ぶことができますし，**groups**では，自分と同じ関心を持つメンバーと出会えたり，自分自身でコミュニティを作ることもできます。

★言語交換パートナーを探しているメンバーもいれば，言語の教師として有料でレッスンをひらいているメンバーもいます。

■上級者対象
▶**Paltalk** <paltalk.com>：さまざまな話題について，何千種類ものチャットルームのグループがある巨大チャットサイト。数多くのチャットルームの中から，自分の興味のあるルームを選んでチャットを楽しみましょう。ルームでは，動画を共有しながらチャットをしたり，自分のルームを作り，友人を誘ってチャットしたりすることもできます。使用するには専用のソフトをインストールします。また，Beta 版の PaltalkExPress では，ソフトをインストールする必要なく，同様の機能が使えるようになっています。（テキストチャット／ボイスチャット／ビデオチャット可能）
▶**Second Life** <jp.secondlife.com>（☞ p.86）

4. ブログ

❶────ブログの楽しみ方

「ブログ（blog）」とは，web と log（日誌）が合成されてできた言葉で，ひとりで，あるいはグループで運営され，毎日のように更新される Web サイトのことです。ブログには，メールやチャットなどの少人数による親密なコミュニケーションにはない魅力があります。それは，普段の生活では会うことのない多くの人たちに自分の意見や考えを伝えることができることです。英語でブログを作れば，世界中の人たちに皆さんの存在を知ってもらったり，お互いの興味関心や意見を共有することができるのです。そして，皆さんのブログに興味や共感を持った人たちからのコメントを読んだり，皆さんが返事をしたりするうちに，最初は英語学習が目的で始めたブログが，いつのまにかブログを介して自分を世界に発信することが目的となり，英語は目的ではなく，発信のために必要な手段なんだ，と実感できるようになるでしょう。

❷────サイト紹介

▶**Lang-8** <lang-8.com>：日記を介した言語交換サイト。あなたが英語で書いた日記を，他のメンバーに公開し訂正してもらいながら英語力を伸ばすだけでなく，あなた自身が日本語の先生になり，色々な国の人々が書く日

本語を読んだり訂正したりすることで，日本語に対する新たな発見も期待できます。「ヘルプ」では，単に文字だけの説明ではなく，実際の操作の様子を，動画を利用して視覚的にわかりやすく解説してくれるので，ブログやコンピュータの専門用語に不慣れな人でも簡単に使い方がわかります。

▶**MySpace** <myspace.com>：世界中で約2億人が利用している大規模なコミュニティサイトで，文字通りネット上に自分のスペースを作ってブログを書いたり，自己紹介の画像や動画ファイルなどを公開したり，他のメンバーとの交流を楽しんだりすることができます。右下にある international をクリックすると，MySpace のグローバルコミュニティが表示され，色々な国の人々のブログを見ることができます。また，自分のブログを英語で作れば，世界中の人からのアクセスが期待できます。

▶**Blogger** <blogger.com>：Google がサポートするこのサイトでは，Google に登録して自分のアカウントを持ち，自分のブログのタイトルとサイトアドレスを決めれば，簡単にブログを始めることができます。「ヘルプ」には，登録や活用の方法についての動画によるチュートリアルもあります。日本語によるサポートも充実しているので，最初から英語での登録が難しいと思う場合は，日本語のヘルプを参考にしましょう。また，モバイルブログを利用すれば，携帯端末から画像や文字を投稿することもできます。人目を引くサイトのレイアウトを選び，画像や音楽，プロフィールを充実させて，個性的なブログを展開すれば，世界中のメンバーがコメントを残してくれます。

II. 困った時はこう言おう

チャットはとても楽しいのですが，時には返答に困ってしまうことがあります。そんなときに途方にくれたりしないように，どう言うべきか，どうすべきかを，前もって考えておきましょう。備えあれば憂いなしです。

1. 急に切られてしまった

　会話中に，相手が突然いなくなってしまう（切ってしまう）場合があります。そんなとき，あなたは自分が何か悪いことでもしたのかな？　不快に思わせることを言ったのかな？　などと不安になるかもしれません。でも，それはインターネットのチャットではよくあることで，PCやネット接続の調子がおかしくなったとか，操作を誤ったとか，相手が突然切らなくてはならない状況になったなど，理由はさまざまです。ですから，そのこと自体はあまり気にしないで下さい。

▶Are you still there?（まだいますか？）

▶You disappeared all of a sudden. What happened?（急にいなくなっちゃったけど，どうかしたの？）

2. 沈黙が続く

　チャット自体に慣れてくると，チャットをしながら他のこともすることもよくあります。ですから，沈黙が続くことをあまり気にする必要はありません。あなたから相手に何か質問をしてみてはどうでしょう。それでも会話が続かなくて困ったら，「残念だけど，退出しなくてはなりません。ありがとう」と伝えて終わりにしましょう。

▶You've stopped chatting, are you still there? I probably need to get going★...（やりとりがストップしちゃったけど，まだいますか？そろそろ退出しますね。）

　　★need to go ではなく，need to get going とするのは，ちょうど日本語で「そろそろ〜」と言うように，唐突な響きを和らげるためです。また最後に ... をつけるのも，やはり断定を和らげる効果のためで，ネット上ではよく見る書き方です。

▶Unfortunately, I have to be going★★. Thanks for chatting with me!（残念だけど，そろそろ行かなくっちゃ。チャットしてくれてありがとう。）

　　★★上の need to get going と同じように，この文の have to be going も唐突な響きを和らげています。I have to go とすると，I need to leave right now という感じで，例え

II．困った時はこう言おう

95

ば I have to go, my mother is calling とか，I have to go, the house is burning down などという感じになります。それに対して，get going や be going という形を使うと，go という動きが始まる，という感じで，例えば，I need to turn off the computer, gather my things, brush my teeth and go という具合に，そこに至る過程も含めて，動きが始まるという感じなので，唐突な響きが和らげられるのです。ちなみに I have to go の方は，トイレに行きたい時にも使います。

3. 性的な会話をされた

相手が性的な話を始めた時は，「私は英語学習のためにパートナーを探したり，チャットをしているので，あなたとは目的が違います」と，はっきり伝えましょう。自分の意図や目的をはっきりさせることで，きっと自分にぴったりのパートナーに出会えることでしょう。

▶I'm here to study English and culture, not to cyber.（英語や文化を勉強するために参加しているので，性的な話はしたくありません。）
▶I'm not here to chat about things like that.（そういう目的でチャットに参加しているのではありません。）
▶If you want to cyber, I'm not into that.（性的な話をしたいんだったら，私はチャットできません。）
▶I'm sorry, I don't have any interest in that kind of chat.（悪いけど，そういう話に全然興味ありません。）

4. 写真が見たいと言われた

やり取りをして間もない相手から，写真を見せてほしいと頼まれた。相手を信用していないわけではないが，まだそこまでプライベートな情報を教えたくない，という場合は，その思いを相手に率直に伝えましょう。それも誠実なコミュニケーションなのですから，自分の気持ちに反してまで，相手のペースに合わせなくてもいいのです。信頼できるパートナーになり得るメンバーだったら，あなたの気持ちを尊重してくれるはずです。そのようなやり取りを経て，素晴らしい友人になっていけるのです。

▶I'm sorry, I'd really rather not exchange pictures with my chat partners.（チャットで知り合った人とは，写真の交換はしたくないんです，ごめんね。）

▶I've had some bad experiences with exchanging pictures, so I'd really rather not.（以前写真交換をして，嫌な経験をしたから，写真交換はしたくないんです。）

▶It's not that I don't trust you, but shouldn't we get to know each other a little bit more?（信用してないわけじゃないんだけど，お互いにもっと知り合ってからにしませんか？）

▶I just want to have fun chatting in English and would rather not trade photos. Thank you for understanding★.（英語のチャットを楽しむことが目的なので，写真交換はしたくないんです。ご理解いただければうれしいです。）

★この Thank you ～は，まだしていないことについてですが，英語ではよくある言い方です。例えば，入り口などに書いてある Thank you for not smoking は，まだこれからのことを先取りしてお礼を言っています。あるいは，これから協力してほしい時に Thank you for your cooperation などと前もって言ったりもします。

5. ボイスチャットをしようと言われた

言語交換に慣れているメンバーですと，テキストではなく音声でやり取りをして会話練習をしたい，と申し込んでくることがよくありますが，あなたがもう少しテキストチャットで練習したり，相手を知ってからにしたいと思うなら，その気持ちを相手に伝えましょう。でも，もしボイスチャットができる状況にあるなら，お誘いを受けて会話練習を始めましょう。

▶I don't have a mic so I can't voice chat, sorry.（マイクがないからボイスチャットはできません，残念です。）

▶I still don't really have enough confidence to voice chat. Is it okay if we just text chat a little more?（ボイスチャットする自信がまだ無いんです。もう少しテキストチャットしませんか？）

▶I've never voice chatted before, can you show me how to do it?（まだボイスチャットしたことがないので、やり方を教えてくれますか？）
▶Okay then, let's try voice chatting!（そうだね、ボイスチャットやってみよう！）

6. メールアドレスを聞かれた

　言語交換サイトのメンバーの中には、リアルタイムのコミュニケーションよりも、メールでのやり取りを希望している人もいます。もしあなたがメール交換を希望していて、相手をある程度信用できると判断するなら、フリーメールアドレスを伝えてもいいでしょう。でも、メールではなくテキストチャットやボイスチャットでのやり取りを希望している場合は、そのことを相手に伝えましょう。

▶I prefer chat to email.（メールよりも、チャットのほうが好きなの。）
▶Chat suits me more than email.（メールよりも、チャットのほうが向いているんだ。）
▶An email address is private information, so is it okay if we just get to know each other a little more?（メールアドレスは個人情報だから、もう少しお互いに知り合ってからにしない？）
▶I'm awful at exchanging emails.（メール交換って、苦手なの。）
▶I'm pretty busy right now, so I probably can't write often. Is that okay?（忙しいから、なかなかメールの返事できないけどいい？）
▶Okay then, let's try emailing each other!（そうだね、メール交換しましょう！）

7. 出会い目的のことや下品なことを言われた

　基本的に、言語交換パートナーを探す目的のサイトは、サイトの趣旨がはっきりしているだけに、出会いを目的としたり、下品なことを言ってきたりするメンバーはほとんどいません。でも、まれにそのようなメンバーがいた場

合には,「私はそのようなことを目的としてパートナー探しをしているわけではありません」と率直に伝え,あなたから切ってしまいましょう。

▶ It really hurts me to hear things like that said.(そういうこと言われると,傷つきます。)
▶ I'm finding this uncomfortable, so I'm logging off.（ちょっと気分が悪くなりました,もう切りますね。）
▶ I gotta go, bye.（もういかなくちゃ,さようなら。）
▶ I don't think our goals match up well, so I'm going to find a different partner now.（お互いに目的が違うみたいですね。別のパートナーを探します。）

8. 会いたいと言われた

　バーチャルな出会いは絶対に危険だと一概に決め付けることはできません。言語交換パートナーと長い間メールやチャットなどでやり取りし,信頼し合ってから実際に会ってみて親友になったという実例もあります。でも,やはり主な目的は「言語交換」であり,まだよく相手を知らないうちは,相手が実際にはどんなひどい人かも知れないのですから,安易に会うことはお勧めできません。あなたの気持ちに反して,相手がしつこく会おうとしてきたら,きっぱり断るべきです。

▶ I'm just here to have a good time chatting, I'm not planning on meeting anyone in person.（チャットを楽しむために参加しているので,実際に誰とも会うつもりはありません。）
▶ I'm really enjoying chatting, but I wouldn't be comfortable meeting someone in person.（チャットで話すのはとても楽しいけど,実際に会うのは不安です。）
▶ I'm just enjoying chat. Chat fits my pace better than face-to-face communication, and it's more relaxing for me. I'm not really looking for people to meet in person right now.（私はチャットを楽しんでいるだけ

なんです。顔を合わせるより，チャットの方が私のペースに合ってるし，くつろげます。今は直接会える人を探しているわけではないんです。）
▶Let's get to know each other some more and be sure we can trust each other before we think about meeting.（もう少し仲良くなって，お互いのことを信頼できると確信できてから，会うことを考えましょう。）

● ─── **実践篇のまとめ**

　ここで紹介した4つの方法には，どれも特有の面白さがあるので，つい時の経つのも忘れて熱中しがちです。でも，英語運用能力を育てることが目的なら，その目的を見失わないようにしたいものです。同じようなメールやおしゃべりを色々な人と繰り返していても，あまり能力は育ちません。自分の英語力を常に客観的に評価して，足りない能力，伸ばしたい能力を育てるような方法を選んで，効率的に時間を使ってください。

演習篇

CDで
しっかりトレーニング

　この演習篇にまとめられているような基本的な表現がタイミングよく反射的に出てくるようになれば，英語コミュニケーションが気軽に楽しめるようになります。

　ところが，今までいくら会話表現を勉強しても，いざという時には，なかなか出てこなかったのではないでしょうか。それは，覚えたつもりの表現が，前後関係もなく，時間の制約もなく，単なる日本語の置き換えとして，あいまいに記憶されていたからです。ある状況で生まれる本当の気持ちと強くつながっていなかったので，とっさに出てこなかったのです。

　すべてのダイアログが収録された付属のCDは，大切な基本表現がしっかり身につくように工夫されています。このCDを使って繰り返し練習すれば，いつ，誰と英語で話すことになっても，もうドキドキ緊張するようなことはなくなります。ネットで楽しく英語コミュニケーション！それが実現するのです。

演習篇の使い方

　今までのように，英語のダイアログをただ読んでいるだけでは，心が少しも動かないので記憶に残らず，なかなか使えるようにはなりません。この演習篇には，ネットを使ったコミュニケーションに必要な英語表現がすべてダイアログ（対話）の形で収められていて，CDを何度も聞いているだけで自然に身につくように工夫されています。例えば，次のダイアログを見てください。

●───サンプル　◎ 65

164
P：Is it the rainy season there?
Y：♥まだだよ。ちょっと悪いけど，トイレに行かなくちゃ。
　　No, not yet. Sorry, **I need to take a quick bio break.**
P：Okay.

★　この表現は「トイレ休憩」という感じで，チャットや会議などでよく使われます。ちなみに「トイレ」については，toilet を使うことはあまりなく，婉曲的に家では bathroom，公共の建物などでは restroom がよく使われますが，実際にはもっと婉曲的に，I'll be right back（すぐ戻ります），I'll be away for a little bit（ちょっと席をはずします）などとだけ言うこともあります。

　まず，チャット相手 P（= Partner）の英語（これはない場合もあります）の後に，あなた Y（= You）の気持ちを表す「♥つぶやき」が日本語で入っています。このつぶやきは，英語表現の直訳ではありません。その理由は，まず頭に浮かぶのが，まだ漠然としたつぶやきのようなものであることと，「日本語のセリフをそのまま英語のセリフに訳す」というクセをつけたくないからです。そういうクセをつけてしまいますと，英語をしゃべっていても常に日本語を意識してしまいますし，日本語に引きずられたおかしな英語になってしまうことが多いからです。

　Yの必須表現はわかりやすい英語ですが，Pの英語には，日本の学校や教科書などでは，あまり教えない表現も含まれています。でもこれは英語圏で実際に日常よく使われている表現です。自分で言えるようにする必要はあり

ませんが，聞いてわかるようにはしておきたいものです。その中で意味がわかりづらいものについては，カッコ内に和訳を入れておきました。

　まずダイアログを読みながら，つぶやきだけを見て英語が言えるように，下の英語を隠しながら練習してください。大体言えるようになったら，今度はCDで相手の生の英語を聞きながら，ゲーム感覚でやり取りをしてみてください。日本語のつぶやきの後にチャイムが鳴りますので，さあ，この気持ちを英語でどう言おうかと考えて，何か言ってみてください。頭が真っ白になって何も思い浮かばないかもしれませんし，単語をいくつか言うのがやっとかもしれません。いずれにしても，そうやって動揺したりあせったりすることが，記憶をそれだけ強化してくれるのです。その後すぐに英語が聞こえますので，確認してください。この英語はぜひ覚えてほしい必須表現です。同じような状況でよく使われる他の表現や，語法について知っておきたいことがある場合は，ダイアログのすぐ下の★印に説明を加えておきました。

　言えなかった表現は，モデルの後でCDを止めて，完全に言えるまで何度も真似して言ってみてください。左の□マークは，その表現が反射的に言えるようになった時にチェックを入れるためのものです。ほとんどの□マークにチェックが入った頃には，チャットに必要な基本表現は，ほぼマスターできたことになり，自信がついて，英語のおしゃべりが楽しめるようになります。

I. 基本的な表現を身につけよう

　ここではまず，中学で習うような基本的な表現に加えて，知らなくては何を話すのにも不自由してしまう決まり文句をおさらいします。それは大きく分けて次の4種類の表現です。

①**概念（物事について言う）**：基本的なこと，例えば，時間，空間，数，量，比較，原因・結果，変化などを表現する言い方です。
②**機能（人間関係をうまく保つ）**：お礼を言ったり，謝ったり，頼んだり，誘ったりする時の言い方です。

③**感情（気持ちを伝える）**：喜怒哀楽などの感情を表す言い方です。
④**場面（場面特有のことを言う）**：レストランとか機内とかチャットとか，ある場面に特有な表現です。

④の場面については，ネットを使ったコミュニケーションに特有な決まり文句がまとめられています。

> ★日常会話なら何とか話せる自信がある人は，次の1～3を飛ばして，4（p.138～）に進んでください。

さあ，それでは，まず概念から，大切な表現をどんどん確認していきましょう。

1. 概念（物事について言う）

●———時を表す　◎ 02

001
P：What time do you have to leave?
Y：♥7時15分くらいかな。
　　Oh, about **a quarter past** seven.
P：I see.

★　15分前は，a quarter to seven です。

002
P：I'm sorry, I have to go now.
Y：♥じゃあ，また来週の金曜日に会うってのはどうかな。
　　Then, how about meeting again **next Friday?**
P：Sounds great!

★　今週まだその金曜日になっていない時（例えば 火曜日）に，next Friday と言うと，今週の金曜なのか来週の金曜なのかはっきりしません。そこではっきりさせたい時は，今週の場合なら（on）Friday か this Friday，来週の場合なら next Friday, the 15th などと日付をつけたり，a week from (this) Friday などとします。

104　演習篇：CDでしっかりトレーニング

●────過去のことと今のことを同時に言う （☞ p.39） ◎ 03

003
P：I came to Japan a year ago. I'm interested in old Japanese temples.
Y：♥それなら、京都には行ったことがあるのかな。
Have you **ever been to** Kyoto?
P：Oh, sure. I've been there several times.

004
P：I like using this website.
Y：♥いつ頃から使ってるのかな。
How long have you **been** using it?
P：About a year.

★ 今も利用していますから、been using という進行形の形になります。

005
P：You had better not open the attached file.
Y：♥もう開けちゃったんだよね。
I have already opened it.

★ had better の否定（～しない方がいい）は、後に not をつけます。

006
P：Can you bake bread?
Y：♥何度もやってはみたんだけど、全然できないんだよね。
I've tried many times, but I just can't do it.
P：Oh, that's too bad.

★ この just は、強調する感じを出しています。

●────将来のことを言う ◎ 04

　もうすでに決めていて「～することになっている」ことについては　be going to ～ を使います。それに対して、今「～しよう」と思った時や単に推測する時は will ～ を使います。

007
P：I'd like you to check my Japanese homework.
Y：♥明日でいいかなあ。今夜はテレビで映画を観るつもりなんだよね。
Can I check it tomorrow? **I'm going to** watch a movie on TV tonight.
P：Oh, sure.

008
P：Did you call Tom?
Y：♥あ，忘れてた。今夜かけよう。
Oh no, I forgot. **I'll** call him tonight.
P：Okay.

★ OK の別のつづり方は，上のように，O(-)kay のほか O.K. など，色々あります。

● ―― 空間を表す　◎ 05

009
P：Where is Nagoya located?
Y：♥東京の西だよ。
Nagoya is **west of** Tokyo.
P：Oh, I see.

★ 方向については，ほんの少しの違いが意味を全く変えてしまいます。ある場所が in the west of 〜だと言うと「〜の中の西」ということです。例えば，Yoyogi is in the west of Tokyo です。ある場所が to the west of 〜とか just west of 〜と言えば，「〜の外の（すぐ）西」という意味で，例えば，Kyoto is to the east of Osaka となります。それに対して，ある場所が west of 〜でしたら，「（遠近はともかく）〜の西の方向にある」ということで，例えば Kyoto is west of Tokyo となります。

010
P：Is Nagoya near Tokyo?
Y：♥いやいや，300 キロくらいはあるんだよね。
No. **It's** about three hundred kilometers **from** Tokyo **to** Nagoya.
P：Oh, I didn't know that.

★ この it は，時間や天候を表すときに使う it と同じで，距離を表す文で形式的に置かれるものです。

●──数を表す　◎06

011 P：I try to exercise as much as I can.
　　　Y：♥1週間に何日運動するのかな。
　　　　　How many days **a** week do you exercise?
　　　P：Oh, at least three days a week.

012 P：How did you do on the test?
　　　Y：♥3分の1くらいの問題を間違えちゃったんだよね。
　　　　　I missed about **one-third** of the questions.
　　　P：That's too bad.

★　均等に3つに分けたもののそれぞれが third ですから，それがひとつ，つまり3分の1なら a third もしくは one-third と言い，2つ，つまり3分の2なら two-thirds と複数形になります。書く場合は，a 以外，普通ハイフンで結びます。

013 P：How many people are there in China?
　　　Y：♥えっと，だいたいアメリカの人口の4倍くらいかな。
　　　　　Well, about **four times** the number of people in the United States.
　　　P：Wow. That's a lot of people!

★「〜倍」という意味の〜 times は，この例のように後に名詞が来ることもあれば，形容詞や副詞が来ることもあります。
（名詞）I have heard that new batteries have **three times** the power of the current ones.
（形容詞）The new building is **three times** taller **than** the old one.（あるいは，... three times as tall as the old one.）
（副詞）This new plane travels **three times** faster **than** the old one.（あるいは，... three times as fast as the old one.）
形容詞や副詞の場合は，上のように2つの形が可能ですが，比較級を使った前の形の方が普通です。

●──比較する　◎07

014 P：Tom and Natsuki must be about the same age.
　　　Y：♥違う，違う，トムの方が5つ上なんだよね。

Oh, no. Tom is five years old**er than** Natsuki.
P：Oh I didn't know that.

015 P：Do you really like raw fish?
Y：♥お肉よりも好きなんだよね。
Yes, I like it **better than** meat.
P：I see.

016 P：Did you get any response to your blog?
Y：♥それが思ったより多かったんだよね。
Yes, I got **more** comments **than I expected.**
P：I hope they were good.（いいコメントだったんだろうね）

★ expect ＝「期待する」と覚えている人が多いようですが，「期待する」と違って，expect は，「（何らかの理由があって）未来にあることが起こるだろうと思う」という意味で，いいことにも悪いことにも使われます。
（例）He expects to fail the test.（彼は試験に落ちると思っている）
★ 理屈の上では，コメントをもらった時より予期した時の方が前ですので，... than I had expected とすべきですが，実際の口語英語では，過去完了形にしないで，上のように単なる過去形にする場合の方が多いのです。

017 P：How did you do in the race?
Y：♥悲しいかな，全ての走者のうちでビリだったんだよね。
Sadly, I was **the** slow**est of** all the runners.
P：As long as you did your best, I am proud of you.（ベストを尽くしてさえいたのなら，君を誇りに思うよ）

018 P：How did you do on the test?
Y：♥クラスで最高得点だったんだよね。
I got **the best** score **in** my class.
P：That's great.

★ 上の２例のように，最上級の後では，同類のものの複数形の前には of，範囲を表すも

108　　演習篇：CD でしっかりトレーニング

のの前には in がつきます。

019
P: What is your goal?（何を目標としているの？）
Y: ♥あなたの日本語と同じくらい，うまく英語を話したいものだね。
I want to speak English **as** well **as** you speak Japanese.
P: Keep trying and I'm sure you will.（頑張って，きっとできるよ）

020
P: Isn't sushi expensive?
Y: ♥そうとも限らないよ。たったの 100 円でも食べられるんだよね。
Not always. You can eat some for **as** little **as** one hundred yen.
P: Wow! I'm surprised.

★ 「（金額）で〜」は，〜 for（金額）で表します。
（例）He sold his car for 200,000 yen.（彼は車を 20 万円で売った）
She got it for nothing [free].（彼女はそれをただで手に入れた）

021
P: My college used to be a women's college, but it's coed now.
Y: ♥じゃあ，現在の男女比はどうなってるのかな。
What is the ratio of women **to** men in your college?
P: It's about 2 to 1.

● ――**仮定する** ◎ 08

十分ありそうな仮定（〜すれば）は，未来のことでも現在形を使います。

022
P: I want to see the picture Justin sent to you.
Y: ♥頼めば，あなたにも送ってくれるよ。
If you ask him, he **will** send it to you too.
P: Great, I'll do that!

現在の事実に反していたり，将来起こりそうもないことを仮定する時は，過去形を使います。

023

P : That musical is getting fantastic reviews.（そのミュージカルは，すごくほめられてますよ）
Y : ♥ニューヨークに住んでたら，見に行くのになあ。
　　If I liv**ed** in New York, I'**d**（＝ I **would**）go to see it.
P : You definitely should!（ほんとにそうですよ）

●────状況が生まれるようにする　◎09

「〜（人）が…する」という状況を作ることが自然で抵抗がない場合，例えばお金を払ってしてもらったり，目上の者が目下の者にさせたりする時は，have を使うのが普通です。それに対して，抵抗があっても無理やりそういう状況を作り出すような場合は make を使い，そういう状況が生まれることを許可する場合は let を使います。

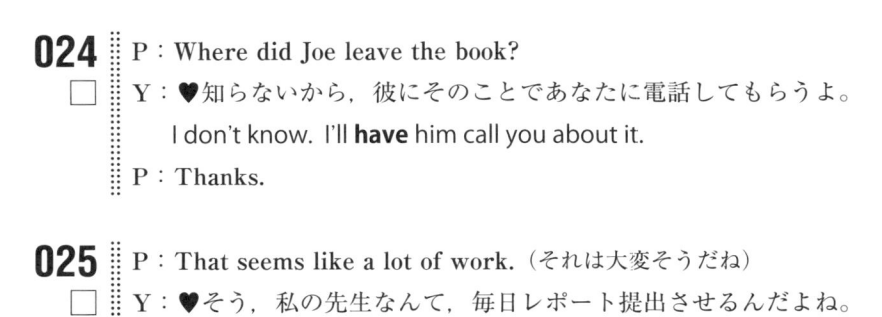

024

P : Where did Joe leave the book?
Y : ♥知らないから，彼にそのことであなたに電話してもらうよ。
　　I don't know. I'll **have** him call you about it.
P : Thanks.

025

P : That seems like a lot of work.（それは大変そうだね）
Y : ♥そう，私の先生なんて，毎日レポート提出させるんだよね。
　　Yeah, my teacher **makes** us turn in reports every day.
P : Wow.

★　turn in は，自分が仕上げたものを先生や上司に「提出する」という意味で，アメリカでよく使われますが，英国では同じ意味で hand in も使われます。

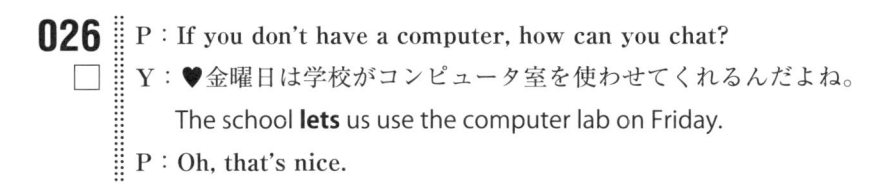

026

P : If you don't have a computer, how can you chat?
Y : ♥金曜日は学校がコンピュータ室を使わせてくれるんだよね。
　　The school **lets** us use the computer lab on Friday.
P : Oh, that's nice.

説明を後から付け加える 🔊10

027
- P: What seems to be the problem?（どうかしたの？）
- Y: ♥今朝あなたが使ってたコンピュータが，動かなくなってしまったんだよね。
  The computer **which** you were using this morning has crashed.
- P: Oh no, I hope I remembered to save my work on my flash drive.（えーっ，僕の分はちゃんとフラッシュ・ドライブに保存してありますように）

028
- P: Which one is Janice?
- Y: ♥あの緑のシャツ着てる人。
  The one **who** is wearing the green shirt.
- P: Oh, OK. Thank you.

029
- P: Which picture did you want me to send you?（どの写真を送ってほしかったんだっけ）
- Y: ♥妹さんが撮った写真。
  The picture **that** your sister took.
- P: Oh, sure. Of course.

理由を表す 🔊11

030
- P: That movie is going to be a hit.
- Y: ♥どうしてそう思うのかなあ？
  Why do you think so?
- P: Because everyone is talking about it.

受身を表す 🔊12

031
- P: I visited the website, but I could not find the article any longer.
- Y: ♥そのサイトは頻繁に更新されるんだよね。

The website **is** frequently updat**ed**.
P: Ah, I should have saved a copy.

2. 機能（人間関係をうまく保つ）
■話をうまく運ぶ
●────挨拶に応える　◎13

032
P: How are you?
Y: ♥まあまあだよ，あなたは？
Not bad, you?
P: I'm OK.

★ How are you? と聞かれた時の表現として，学校では **I'm fine** ばかりを教える傾向がありますが，実際には実に色々な言い方をします。大きく分ければ3つの答え方があります。
　①普通の表現：(I'm) **fine**, **Great**, **I'm great** あるいは **(I) couldn't be better** など。
　②冗談めかした表現：**(I am doing) better than I deserve** とか **I'm still alive** など。
　③否定的な言葉を否定する表現：**(I'm) not bad** とか **(I) can't complain** など。
　このほかにも，あまり良くない場合は，**Not so great**, **I'm a little sick**, **So-so**, **I'm a little under the weather**（あまり元気ないよ）などと言うことがありますが，それほど親しくない人には，相手に余計な心配をかけないために，たとえ体調が良くないときでも，そうとは言わないのが普通です。

★ 会話中の **..., you?** は，**How about you?** と同じ意味で使われています。
　　（例）I'll have a hamburger, **you?**（私はハンバーガーにします。あなたは？）
　　　　 I'm fine, **you?**（私は元気です，あなたは？）

033
P: What's new?
Y: ♥変わりないよ。
Nothing, really.
P: Yeah, same here.

034
P: How are things going?
Y: ♥いつもと同じ。
Same as usual.
P: Ah, OK.

035
P：What have you been doing?
Y：♥別に。あなたは？
　　Nothing much, you?
P：Yeah, I'm not doing anything either.

● ──── 適切な受け答えをする　◎14

036
P：Thank you very much.
Y：♥どういたしまして。
　　You are welcome.
P：You really are a life-saver.（おかげ様で，ほんとに助かりました）

★ life-saver は，日本で言えば「命の恩人」に当たります。困難な状況から救ってくれたり，困っていた問題を解決してくれた時などに，感謝の気持ちを表してこのように言います。

037
P：I'm so sorry to be so late.
Y：♥気にすることないよ。
　　Don't worry about it.
P：Thank you.

★ 謝られた時の他の返し方として，It's OK，No problem などがあります。

038
P：Can I ask you something?（質問してもいい？）
Y：♥どうぞ。
　　Sure.
P：All right. Where were you born?

★ この場合の答え方には，**Sure** 以外にも，**Go(right)ahead**，**Shoot**，**Fire away**，**What do you want to know?**，**Go for it**，**Why not?**，**Feel free** など，たくさんの表現があり，これらの意味はすべて「どうぞ」「もちろん」という意味です。

039

P：What are you doing tomorrow?
Y：♥特にないなあ。
Nothing in particular.
P：That sounds nice and relaxing.（ゆっくりできそうだね）

★　この場合の nice and ～ は，～に来る形容詞に，良い（= nice）意味を加えて強めます。例えば，ただの It's hot today だけでは，「今日は暑くていやだなあ」という感じにも受け取れますが，It's nice and hot today ですと，気持ちのいい暑さだ，暑くてよかった，という感じになります。

040

P：May I ask how old you are?
Y：♥言いたくないなあ。
I'd rather not say.
P：Oh, I can understand that.

★　英語圏のほとんどの国では，年齢を聞くのは失礼だとされています。子どもに聞くのはかまいませんが，大人には聞かないのが常識ですので，もし聞かれたら，こう答えても失礼にはなりません。

041

P：Are you interested?
Y：♥もっと知りたいなあ。
Tell me more.
P：Okay.

★　他にも，**I'm all ears!**（聞きたい，聞きたい！）などと言ったりします。興味がなければ，**Sorry, I'm not interested** などと言います。

042

P：Have you heard of the new book by the author of Harry Potter?
Y：♥どんな内容なんだろう。
What is it about?
P：I don't know, but I want to read it anyway.

043
P：Most Americans have to drive because there are so few buses and trains.
Y：♥なるほど，そういうことなんだ。
　　Ah, **that makes sense.**
P：I think the Japanese way is better!（日本のやり方の方がいいと思うよ）

★　That makes sense は，もっともな理由や説明を聞いて納得した時に使う表現です。

044
P：See you.
Y：♥うん，またね。
　　Yeah, **take care.**
P：You too.

★　別れの挨拶としては，Goodbye や Bye の他にも，**Take care** とか **Have a good day**[morning/afternoon/evening/night]は，誰に対しても使えます。なかでも，**Have a good day** は寝る前以外はいつでも使えますから便利な表現です。(I'll) **see you**（later/soon）や **Take it easy** は友達の間などでよく使われます。**Catch you later** は，さらにくだけた表現です。**So long** は，しばらく会えない時などに使います。

045
P：Have a nice weekend.
Y：♥あなたもね。
　　You too.
P：Thanks.

●――あいづちを打つ　●15

046
P：I went to see the new Bond movie last night.
Y：♥あ，そうなんだ。
　　Oh, **you did?**
P：Yeah, it was great!

★　これは，相手の言葉に応じて，**you can?**，**you are?** などになります。逆にした **did you?**，**can you?**，**are you?** などの形も使われます。こうしたあいづちはイントネーションでさまざまなニュアンスを伝えます。例えば，この Oh, **you did?** を上がり調子で言いま

すと，自分が興味を持っているとか，そのことについてもっと知りたい，つまり，How was it? とか What did you think? と聞いているような感じになります。ところがこれを抑揚のない調子で言いますと，少し納得がいかないような感じが出ますし，下がり調子で言いますと，例えば，A：I ate the last piece of chocolate. B：Oh, you did .... A：Yes, sorry のように，相手のしたことが少し気に食わないとか，悲しい，といったニュアンスを伝えることさえありますので，イントネーションに注意してください。

047

P：I heard she got into the exchange program.（彼女，交換プログラムに入れたそうだよ）

Y：♥そうなんだ。
Oh, **is that so?**

P：Yeah, so she will be in Europe next year.

★ 相手の言うことをちゃんと聞いていることを示すための簡単なあいづちとしては **Yeah**, **Uh huh**, **Really?**, **Huh?**, **Oh?**, **Mmmm** .... など，色々ありますが，それぞれイントネーションによって意味が違ってきますので注意してください。例えば相手が言った Jim doesn't love his wife. に対して Yeah と言う場合，イントネーションによって次のように違った意味を伝えます。

Yeah?（↗）［= I didn't know that, tell me more!（知らなかった。もっと話して！）］
Yeah.（↘）［= I know and I agree.（知ってるよ，その通りだ）］
Yeah...（↗）［= I reserve judgement but I'm listening, go on.（判断は保留しておくけど，聞いてるよ。続けて）］

★ 「〜だそうだ」に当たる英語としては，I hear ... など現在形の表現が辞書に載っています。聞いたのは過去のはずなのに，どうして過去形ではないのかと疑問に思った人も多いと思いますが，実際には I heard という過去形や I've heard という現在完了形もよく使われます。違いはそれぞれの時制の特徴によるもので，聞いたのが過去のある特定の時で，ある1人の人から一度聞いたというような場合なら過去形の I heard ... を使い，過去に聞いたから，今はもうそのことについて知っているという感じなら現在完了形の I've heard ... を使います。それに対して，何人もの人から，特にいつというわけではなく日常的に聞いているような場合，つまり「噂」という感じなら，現在形の I hear ... を使うのです。

●────確かめる ◎ 16

048

P：She is arriving by train.

Y：♥確かなのかなあ。
Are you sure?

P：No doubt about it.

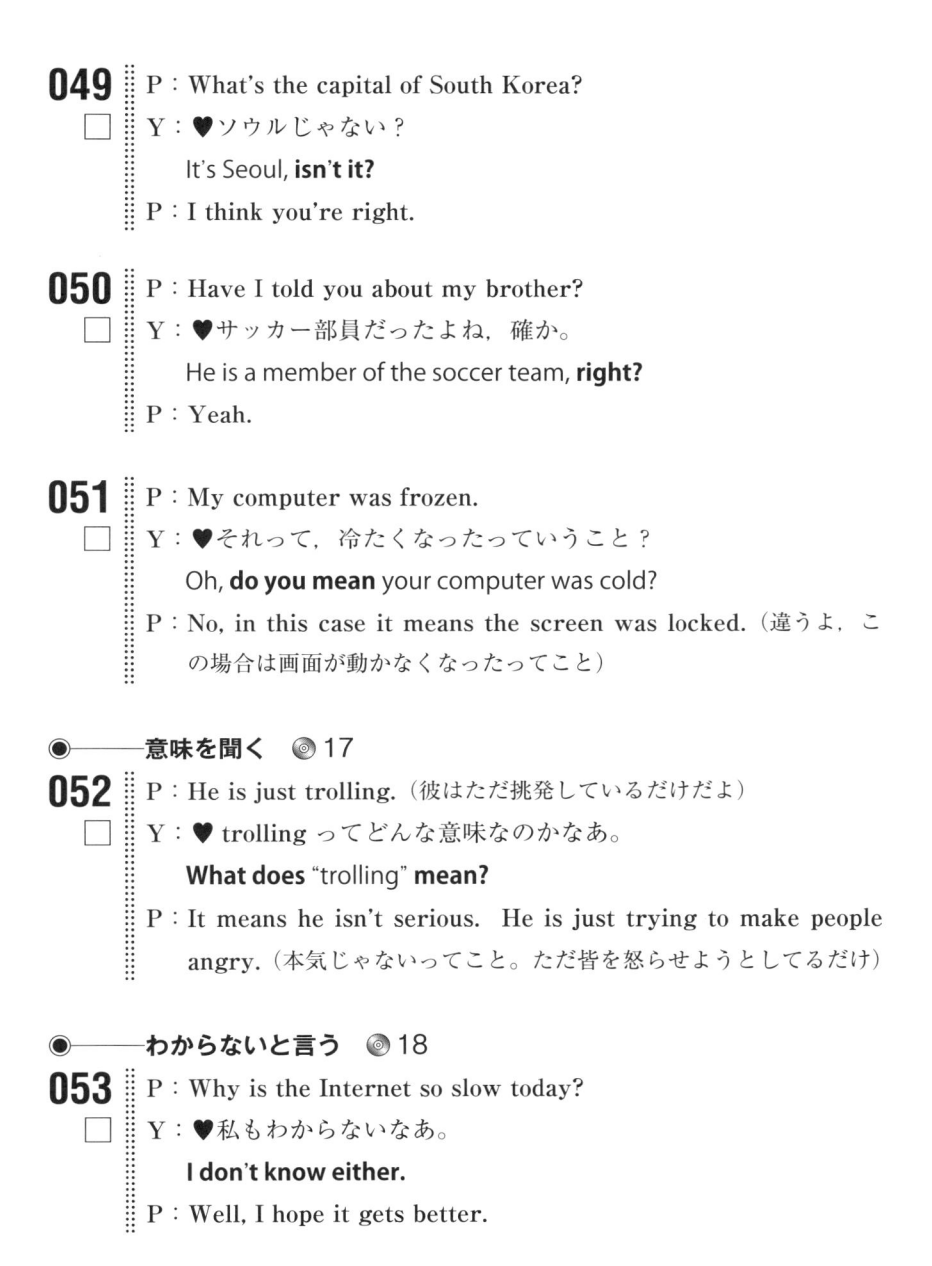

049
P : What's the capital of South Korea?
Y : ♥ソウルじゃない？
It's Seoul, **isn't it?**
P : I think you're right.

050
P : Have I told you about my brother?
Y : ♥サッカー部員だったよね，確か。
He is a member of the soccer team, **right?**
P : Yeah.

051
P : My computer was frozen.
Y : ♥それって，冷たくなったっていうこと？
Oh, **do you mean** your computer was cold?
P : No, in this case it means the screen was locked.（違うよ，この場合は画面が動かなくなったってこと）

●──意味を聞く　◎17
052
P : He is just trolling.（彼はただ挑発しているだけだよ）
Y : ♥trolling ってどんな意味なのかなあ。
What does "trolling" **mean?**
P : It means he isn't serious. He is just trying to make people angry.（本気じゃないってこと。ただ皆を怒らせようとしてるだけ）

●──わからないと言う　◎18
053
P : Why is the Internet so slow today?
Y : ♥私もわからないなあ。
I don't know either.
P : Well, I hope it gets better.

054
P: When did Hideo Nomo start to play baseball in America?
Y: ♥そんなこと聞かれてもわからないなあ。
I have no idea.
P: Me neither, I need to look it up.（僕も。調べなきゃね）

★ 意味を強めるときは，**I don't have the slightest idea**（全くわかりません）などと言います。

●────話題を発展させる　◎19

055
P: I downloaded that new voice chat software.
Y: ♥そういえば，この人のユーザーネーム，何だっけ？
Speaking of that, what is your user name?
P: Oh, I haven't joined yet. I'll send it to you by email.

★ Speaking of that は，直前の話題について何かを言う時に使います。それに対して By the way は中心になっている話題や前に言ったこととは関係のない話題を持ち出す時に使います。この状況でしたら，Oh, really? **By the way**, I made that cake from your recipe and it was delicious! というように使います。

056
P: My professor said older children are more responsible than younger children.
Y: ♥そう言われてみると，私は上の子で結構責任感があると思うんだよね。
Now that you mention it, I'm an older child, and I think I'm pretty responsible.
P: I'm a younger child, but I still think it's true!

057
P: I got to see my sister's new kitten yesterday, he was so cute.
Y: ♥ああ，それで思い出したけど，母が猫を飼ってくれるって言ってたんだよね。
Oh, **that reminds me**, my mother was talking about getting us a cat!
P: Oh, what kind would you like to have?

★ get to do は，do が動作を表す動詞の場合は，「うまく～できる」という意味ですが，do が状態を表す動詞の場合は，「～するようになる」という意味になります。
　（例）I got to know her in France.（彼女とはフランスで知り合いになった）
★ 最初の文の表記ですが，学校では，このような場合，ピリオドを付けて2つの独立した文にするべきだと習ったかもしれません。しかしそれでは2つの文が切り離されてしまったような感じがしますので，略式の書き方ではダッシュやセミコロンを使ったり，会話のリズムをそのまま伝えるために上記のようにコンマを使ったりします。

■自分の思いを伝える

●――希望を伝える　◎20

親しい間柄では，want to ～でいいのですが，もう少し丁寧に言うときは，I'd（= I would）like to ～を使います。

058
P：Have you ever been to Australia?
Y：♥行ったことないけど，ぜひ行きたいなあ。
　No, but I really **want to** go there.
P：You should, it's wonderful.

059
P：My favorite flavor of ice cream is rainbow sherbet.
Y：♥いつか食べてみたいなあ。
　I **'d like to** try it some day.
P：I'm sure you'll like it.

●――感謝する　◎21

060
P：It was great talking to you.
Y：♥電話をくれたお礼を言わなくちゃ。
　Thank you for calling.
P：No problem at all.

★ Thank you for ～ の形はよく使われます。for の後に続く語句の例：
everything：別れ際などに色々お世話になったことへの感謝
asking me：誘ってくれたことへの感謝

reminding me：思い出させてくれたことへの感謝
telling me：知らせてくれたことへの感謝
your time：時間を割いてくれたことへの感謝
your company：付き合ってくれたことへの感謝
your consideration：配慮してくれたことへの感謝

061 P：Shall I mail you that J-Pop CD?
Y：♥それはご親切に，ありがたいな。
That would be very kind of you.
P：Don't mention it.

◉──謝る　◎22

自分が悪かったことを謝る時は，I'm sorry を使います。ちょっとした失礼については Excuse me を使います。

062 P：Ah, there you are!（あ，来た来た）
Y：♥時間通りに来られなかったことを謝ろう。
I'm sorry I couldn't come on time.
P：That's O.K.

★　日本語の「すみません」と違って，I'm sorry の本来の意味は「私の心が痛む」です。ですから同情したり，残念に思ったりした時にも使います。
　I'm sorry for his wife.（彼の奥さんが気の毒だと思います）
　I'm sorry, but you are wrong.（残念ですが，あなたは間違っています）
★　on time は，正しい時刻，望ましい時刻に，つまり「時間通りに」という場合に使い，in time は，～できる期間の間にちゃんと～する，つまり「間に合って」という場合に使います。
（例）Shuji arrived at the restaurant on time but he did not arrive in time to get a parking space.

063 Y：♥あっ，あの人に地下鉄の駅の場所を聞こう。
Excuse me, could you tell me where the subway station is?
P：Oh sure. Just go straight down this street. It will be on the left. You can't miss it.

演習篇：CDでしっかりトレーニング

★ この場合のように，道を尋ねたりする時は日本でもまず「すみません」から始めますが，人ごみで肩が触れたり，くしゃみをした後などの場合，日本では何も言わないことがよくあります。しかし英語圏では，Excuse me と言わないと失礼になりますから注意しましょう。

約束する　◎23

064
P：So, did you finish making your webpage?
Y：♥まだ全部は終わってないけど，終わったらリンクを送るって約束しよう。
　　Not quite. **I promise you** I'll send you the link when I am finished.
P：That sounds great.

★ ネット上の本にあたるものが website で，その中のページが webpage です。
★ 「リンク」は，それをクリックするだけでリンク先にジャンプできるようにしたものです。一方，インターネットにおける情報の住所を示しただけのものは「URL」です。
★ この am finished は，受身ではなく，「be ＋自動詞の過去分詞」で完了を表し，have finished よりも口語的な表現です。

065
P：Is there anything I can do for you while I'm in Paris?
Y：♥毎日電話するって約束してもらおう。
　　Promise me you'll call me every day.
P：OK. I promise.

提案する　◎24

066
P：If you want, we can chat again later.
Y：♥来週の同じ時間はどうかな。
　　How about the same time next week?
P：Sure.

人の行動について自分の判断を伝える　◎25

067
P：She said we should finish by tomorrow.（彼女は明日までに終わるべきだと言ってたよ）

Y：♥あの子は簡単に言えるよね。バイトしてないんだから。
It's easy **for** her **to say**. She doesn't have a part-time job.
P：Yeah. That's true.

■相手を認めて優しくする

● ―――祝う　◎26

068 P：We had a baby girl.（女の子が生まれました）
Y：♥お祝いの言葉をかけてあげよう。
Congratulations!
P：Thank you so much.

069 P：We won the game.
Y：♥えっ，やったね！
Hey! **You did it!**
P：Yeah! We did!

★ You did it! は，相手が何らかの目標を達成したり，仕事を完成した時に使われます。

● ―――ほめる　◎27

070 P：I can't believe we won the contest.
Y：♥よくやったよ，とほめてあげよう。
You did a great job.
P：Thanks.

★ この great job と比べて，**Good job!** の方は，「頑張ったね」という感じで，軽い評価に使われます。高く評価しているなら，good よりも great を使ってはっきり気持ちを表しましょう。

071 P：Did my advice help with your problem?（僕のアドバイスは問題解決に役立った？）
Y：♥お礼を言って，コンピュータの説明が上手いことをほめてあげよう。

　　　　　Yes, thank you! **You're really good at** explaining computers.
　　　P：Thank you, I was glad to help.

──慰める　28

072　P：I am so upset that my dog died.（犬が死んで，落ち込んでるの）
　　　Y：♥あなたの気持ちはよくわかると慰めてあげよう。
　　　　　I know how you must feel.
　　　P：Thank you.

073　P：I have to visit my mother tomorrow and help make decisions about the funeral.
　　　Y：♥お父さんのことを聞いて心が痛みます。さぞお辛いでしょうと慰めてあげよう。
　　　　　I am sorry to hear about your father. **It must be pretty hard on you.**
　　　P：Yeah, it is.

★　この pretty は，話し言葉でよく使われる副詞で，「かなり」から「とても」まで，形容詞や動詞の意味を強めます。
★　help の後に動詞が来る場合，help（人）(to) do の to は，特にアメリカ英語でよく省略されます。
　（例）He helped me carry my luggage.

074　P：Did you get my email saying my sister had died?
　　　Y：♥ええ。なんて言えばいいかわからないけれど，私も本当に残念で辛いですと慰めてあげよう。
　　　　　Yes... I don't know what to say, but **my sympathies are with you**.
　　　P：Thank you, I really appreciate it.（ありがとう。そういって下さって本当にありがたいです）

★　あなたのことを考えて胸が痛んでいます，という気持ちを表す表現で，**My thoughts are with you** とも言います。
★　最初の文の saying ～ は，「～と書いてある」という意味で，手紙や本，掲示などの内容についてよく使われる表現です。

●――許可を求める ◎29

075
P：It seems the air conditioner is broken.
Y：♥ちょっと暑いな。窓を開けてもいいかなあ。
　　I'm a little hot. **May I** open the window?
P：Sure, go ahead.

★ 気温が高いことを客観的に伝える It's hot に対して，自分が暑い時は I'm hot を使います。

●――幸運を祈る ◎30

076
P：OK. I have to go take my test.
Y：♥幸運を祈ってあげよう。
　　Good luck.
P：Thank you.

★ アメリカのくだけた言い方では，go and ～（～しに行く）の and が上のように脱落することがよくあります。

●――相手のことを心配する ◎31

077
P：Ow! That really stings.（うぅっ，痛い）
Y：♥大丈夫かな？
　　Are you all right?
P：It's nothing. Don't worry about me.

078
P：I'm a little down.（ちょっと落ち込んでるんだ）
Y：♥どうしたのかな。
　　What's the matter?
P：I lost my cell phone.

●――申し出る ◎32

079
P：I'm a little thirsty.
Y：♥コーヒーでもどうかな。
　　Can I get you some coffee?

P : No, thanks. I've given up coffee.（いいえ，結構です。コーヒーは止めました）

★ 何かを申し出る時，get がよく使われます。get は，実際に何をしなければいけないかがはっきりしないので，便利なのです。Can I get you some coffee? と言っても，実際には今から手間をかけて作るのかもしれませんし，Can I get you some cake? と言っても，もう用意してあるとは限らず，今から買いに行くのかもしれないのですが，そういう手間をはっきりさせなくてもいいので，便利な表現なのです。

080
P : I can't solve this math problem.
Y : ♥助けてほしいのかなあ。
Would you like me to help you?
P : That's very kind of you.

★ Shall I help you? でもいいのですが，これは形式ばった言い方で，自分が相手より地位や立場が少し上で，「手伝ってあげましょうか」というような感じがします。May I help you? は，相手と対等な感じですが，それでも少し硬い表現です。一番普通に使われている表現は Can I help you? です。上で使った Would you like me to ～? は，聞き手に選択の余地をより多く与えている点で，丁寧な表現です。

081
P : I was hoping someone would translate this into English.
Y : ♥私でよければ，やってあげてもいいけどな。
I could do it, if you don't mind.
P : Would you? Thank you!（してくれる？ ありがとう！）

★ 最初に I was hoping ... と，過去形が使われているのは，聞き手にあまりプレッシャーを与えないためです。過去形は，現在から離れているという距離を意識させるために，このように控えめで丁寧な感じを与えることができるのです。

●──励ます　●33

082
P : I don't think I can finish the project by Friday.
Y : ♥諦めないで，と励ましてあげよう。
C'mon, don't give up!
P : I'll do my best.

★ C'mon は，Come on を発音通りに縮めて書いたものです。

083 P：I just found out I have a big test tomorrow!
Y：♥そりゃ大変だ。でも頑張って，と励ましてあげよう。
Oh, that's really terrible, but ... **keep your chin up.**
P：Thank you.

★ （Keep your) Chin up! は，困難な状況にある人に，勇気と自信を持って頑張って，と励ます時に使います。

084 P：I'd love to come to Japan to learn the Japanese I hear in my favorite anime.
Y：♥きっとうまくできるよ，って励ましてあげよう。
Oh, **I'm sure you'd do well!**
P：Thank you, I hope so!

● ──忠告する ◎ 34
085 P：Should I email her about this problem?
Y：♥電話した方がいいよ。
It would be better for you to phone her instead.
P：That's probably true.

★ 相手に「～した方がいい」と忠告するときに You had better ～を使うと，少し押し付けがましい感じがしますので，相手が目上の人の場合は，上のように言った方がいいでしょう。他にも，次のような表現は，目上の人に対しても使えます。
・It might be better for you to ...
・Perhaps you'd better ...（perhaps や I think, I guess などをつけると表現が和らぎます）
・I think you should ...
・Your best plan would be to ...

● ──同意する ◎ 35
086 P：That was a wonderful movie.
Y：♥同感！
I think so too.
P：Yeah, it was great.

087
- P：Ichiro is really the best baseball player.
- Y：♥そうだよね〜！
  That's true!
- P：I'm glad you agree!

088
- P：I was so frustrated when I lost my wallet!（財布を落としてしまって，ほんと，頭にきたよ）
- Y：♥そうだろうね！
  I bet!
- P：I just don't know what to do now.

★ frustrated は，どうしようもない不愉快な，困難な状況になって，少し腹が立ち，イライラしているような気持ちを表します。

089
- P：I think we should have a group chat on Friday.
- Y：♥賛成。
  I agree.
- P：Thanks.

■行動を促す

● ―― 誘う ● 36

090
- P：I really want to pass this language test.
- Y：♥一緒に勉強しようかと誘ってみよう。
  Shall we study together?
- P：That would be wonderful.

★ Let's ... と比べて，Shall we ... の方は，より丁寧で，フォーマルな感じがします。

091
- P：Shall we switch to Japanese for a little while?
- Y：♥うん，試しにやってみよう！
  Yeah, **let's** try it.
- P：Okay, but I'm really bad!

★ Let's try it と同じ意味で，会話では **Let's give it a shot** もよく使われます。
（例）Have you tried sushi? No? You should give it a shot（お寿司は好きですか？好きじゃない？試しに食べてみてよ！）

●――頼む　◎37

092
P : How's that English report going?（あのレポートの進み具合は？）
Y : ♥うまくいってるけど，ちょっと頼みがあるんだよね。
　　Good, but **may I ask you a favor?**
P : Certainly, what is it?

093
P : Let's try the new game.
Y : ♥ちょっと待ってもらおう。
　　Can you wait a minute?
P : Oh, sure.

094
P : I just found a great webpage about scuba diving in Saipan.
Y : ♥アドレスを送ってくれるように頼もう。
　　Could you please send me the address?
P : Sure.

095
P : Oh, I just found a picture of the new store.
Y : ♥私に転送してもらえないかお願いしてみよう。
　　Would you mind forward**ing** it to me?
P : Not at all.

★「〜してくれませんか」と頼む時は，色々な言い方があります。**Would you 〜？** は形式ばった言い方で，話者が少し高い立場のような感じがします。**Could you 〜？** は，それほど形式ばった言い方ではなく，話者と聞き手が対等な感じがしますが，それでもやはり少し硬い表現です。英語母語話者は **Can you 〜？** をよく使います。これが一番堅苦しくなく，一般的な表現です。**Would you mind 〜？** は，聞き手に選ぶ余地を与えている点で丁寧な表現です。

ちなみに Can you 〜? の文字通りの意味は「〜できるか」,つまり「〜する能力があるか」と聞いているだけですので,ふざけて Yes と答えただけで何もしないことがあります。「できるかどうか聞いただけで,やってくれとは言わなかっただろ？」というわけです。

● ──**助言を求める** ◎ 38

096
P : What are you going to do about your broken camera?
Y : ♥あなただったらどうするかな。
　　If you were me, what would you do?
P : Well, I would probably take it to a repair shop.

● ──**相手に任せる** ◎ 39

097
P : Do you think I should buy a new computer?
Y : ♥そんなの,あなた次第ですよ。
　　It's up to you.
P : Yeah. I'll think about it some more.（そうだね。もう少し考えてみるよ）

098
P : I'll email Rita to say congratulations from both of us.
Y : ♥お礼を言ってお任せしよう。
　　Thanks. **I'll leave it to you.**
P : No problem.

■**言いにくいことを言う**

● ──**非難する** ◎ 40

099
P : I can't believe I missed the bus.（バスに乗り遅れたなんて,信じられない）
Y : ♥だからもっと早く出たら,って言ったのに。
　　I told you to leave earlier.
P : I know, I know.

100
- P: Now it is raining.
- Y: ♥だからキャンセルしようって言ったのよね。
  That's why I said we should cancel.
- P: I guess you were right!

● ——苦情を言う　💿 41

101
- P: Yes, what is it?
- Y: ♥不満がある，ってはっきり言おう。
  I have a complaint.
- P: Oh, what is the problem?

102
- P: That is the stupidest idea I have ever heard. I can't believe you said that!（こんな馬鹿な考えは聞いたことがないよ。君がそんなことを言ったなんて，信じられないね）
- Y: ♥文句は言いたくないけれど，もう我慢できない，って言ってやろう。
  I hate to complain, but I can't put up with this any more.
- P: I'm sorry. I'll try to be more polite.（悪かった。失礼にならないように気をつけるよ）

103
- P: I don't think you could do it.（君にはそれはできないと思うよ）
- Y: ♥女だからって，軽く見ないでよ，って言ってやろう。
  Don't think less of me just because I'm a woman.
- P: Well, OK. Maybe you could do it, but I'm still not sure.（わかった。できるかもしれないけど，でもどうかな）

● ──**反対する** ◎42

104 P：What do you think about the plan to build a playground on that land?
　　Y：♥反対だ，とはっきり言おう。
　　　I'm against it.
　　P：Me too.

● ──**断る** ◎43

105 P：Can you tell me your address?
　　Y：♥悪いけど，断ろう。
　　　Sorry, I won't do that.
　　P：Oh, no problem.

★　この他に，**I don't feel comfortable doing that** とか **I don't think that is a good idea** などの表現もよく使われます。

106 P：Please send me a picture.
　　Y：♥断ろう。
　　　No way!
　　P：Oh, okay. That's fine.

★　No way! は，とてもよく使われる便利な表現で，I don't believe it のように可能性を否定する時にも，何かを頼まれて I won't do it などと断ったりする時にも使えます。この場合も，I don't believe you asked me to send a picture つまり，「そんなこと言って，本気じゃないくせに」という感じにも取れますし，I won't sent you a picture「送りません」と断っている感じにも取れて，はっきりしませんので，かえって便利な表現なのです。

3. 感情（気持ちを伝える）

● ──**喜ぶ** ◎44

107 P：You must be relieved.
　　Y：♥いい気分。
　　　I feel great!
　　P：That really is wonderful news.

108 P : How does it feel to have won?
　　　Y : ♥こんなにうれしいの，初めてだなあ。
　　　　I've never been this happy.
　　　P : It sounds it.（気持ちがこもってるね）

★　最初の文の it は，あとに来る本当の主語 to have won を受けています。最後の文の始めの it は相手の言葉の響きを，最後の it は相手が言ったことを指しています。

109 P : Your English is very good!
　　　Y : ♥そんなこと言ってもらえて，うれしいなあ。
　　　　Oh, thank you for saying so! **I'm glad.**
　　　P : You're welcome!

●──怒る　●45

110 P : I can't believe they canceled the performance.（彼らが公演をキャンセルしたなんて信じられないよ）
　　　Y : ♥もう参ったよ！
　　　　I'm upset about it.
　　　P : Yeah, me too.

★　upset は，嫌なことが起こって，心が平常ではなく，取り乱している場合，不幸せな気持ちから怒りの気持ちまでを表すのに，幅広く使われます。そこで，どの程度，どのような気持ちなのかをはっきりさせたくない時には便利な表現です。

111 P : How are things going with your group?（グループの人たちとはどう？）
　　　Y : ♥あの人達には，もう切れそうだよ。
　　　　I'm losing my temper with them.
　　　P : Sorry to hear that.

● 驚く 🎧 46

112 P: I read that Johnny Depp is coming to Japan next month.
Y: ♥えっ？ほんと？
Really?
P: It seems so!

113 P: He won the gold medal.
Y: ♥すごい！
Wow!
P: Yeah. It was incredible.

★ 驚きを表す表現は，他にも **Great!** とか **OMG!**（＝Oh, my gosh!），**You're kidding me!** など，色々あります。また，そんな知らせを聞くなどとは思ってもいなかったという否定形で表現することもよくあります。
（例）**Unbelievable!**, **I can't believe it!**（信じられない！）
　　　No way!（あり得ない！）
　　　No kidding!（冗談でしょ！）

114 P: Oh, hi there!
Y: ♥こんなところで会うなんて，驚いたよ。
Fancy meeting you here!
P: Oh, I always come here.

115 P: Did you hear that a third of all food in England is thrown away?
Y: ♥もったいないなあ！
What a waste!
P: Yeah, I know.

★ What a ... で驚きを表す表現は色々あります：
What a surprise!（驚いた！）
What a strange day!（何て変な日なんだ！）
What a nice man!（何ていい人なんだ！）

I．基本的な表現を身につけよう

What a rush!(何て忙しいんだ！）
What a terrible thing to do!（何てひどいことをするんだ！）

● ──**悲しむ** ◎47

116
P：What's wrong?
Y：♥悲しいの。
I'm sad.
P：Oh, what happened?

117
P：Did you hear the news?
Y：♥泣きたいよ。
I feel like crying.
P：Yeah, me too.

● ──**残念に思う** ◎48

118
P：I'm afraid I have to quit chatting. I'm not feeling well.
Y：♥それは残念！
Oh, **that's too bad**.
P：Yeah. I think I caught a cold.

★ この場合の too bad は，「あまりに悪い」「悪すぎる」というような強い意味ではなく，軽く「残念」と言うほどの感じで使われています。欲しかったものが売り切れていたり，バスに乗り遅れたりした時には That's too bad と言いますが，試験に不合格だったり親が亡くなった時などには普通この表現は使いません。

119
P：I'm sorry, I just got called to a meeting, so I have to quit chatting.
Y：♥残念だなあ。旅の話を聞くのを楽しみにしてたのに。
Oh, **that's a shame**. I was looking forward to hearing about your trip.
P：Well, I'm sure we will chat about it next time.

★　この that's a shame を「恥ずかしい」と考えてしまいがちですが，a shame は，人を悲しませたりがっかりさせたりする出来事のことです。ですから，It's a shame Martha fell and broke her leg は，転んで脚を骨折したことがマーサの恥だと言っているのではなく，それが，一般的に考えて悲しく残念な出来事だと言っているのです。That's [It's] a shame は，バスに乗り遅れた時から，心臓発作を起こした時まで，軽い出来事から重大事まで，幅広く使われる表現です。これと似た **That's such a shame** も，悪い知らせを聞いた時に口をついて出てくる表現ですが，誰が悪いということではなく，ただ単に，悲しく不幸な出来事だと嘆いているだけです。that と it の使い分けについては，前のことを受けて言う場合は that を使い，これから言うことについて述べる場合は it を使うのが原則です。

　これと似た表現に **It's a pity** があります。こちらも「かわいそう」と思いがちですが，a pity は「残念なこと」という意味です。

落胆する　49

120
P : They did the best they could.
Y : ♥それはわかってるけど，やっぱりがっかり。
　　I know, but **I'm** still **disappointed.**
P : Maybe they will win next year.

121
P : I don't think I can help you.
Y : ♥もう絶望的になってきたよ。
　　I'm getting desperate!
P : Maybe Justin can help.

122
P : What will you do next?
Y : ♥何もやる気がしないなあ。
　　I don't feel like doing anything.
P : Don't give up.

後悔する 💿50

123
- P: I can't believe you did that.
- Y: ♥やってしまったことを後悔してるよ。
  I'm sorry for what I've done.
- P: I understand. It should be no problem, as long as it doesn't happen again.

124
- P: How did it turn out?（どうしてそんなことになったの？）
- Y: ♥あなたの忠告に耳を貸すべきだったなあ。
  I should have listened to your advice.
- P: Well, it might not have helped.（でもまあ，役に立たなかったかもしれないよ）

125
- P: You came very close to passing.（もう少しで合格だったのにね）
- Y: ♥もっと勉強しておけばよかったなあ。
  I wish I had studied harder.
- P: Next time, I'm sure you will do better.（今度はきっと，もっとうまくできるよ）

安心する 💿51

126
- P: I talked to him. He said he isn't angry at all.
- Y: ♥それを聞いてほっとしたよ。
  I'm relieved to hear it.
- P: I understand.

127
- P: I found your missing keys!（なくしてた君の鍵，見つけたよ）
- Y: ♥え，ほんと？ これで肩の荷が下りたよ！
  Oh really? **That takes a load off my mind.**
- P: Yeah, now we can relax a little bit.（そうだね，これで少し気が楽になるね）

●───恥ずかしく思う　◎52

128
P: And then I sent the email to my mother instead of my girlfriend!
Y: ♥そりゃあ，恥ずかしかったよね。
That must have been embarrassing.
P: Oh my God, it sure was.

129
P: So, have you talked to him?
Y: ♥え〜？！恥ずかしいから絶対無理！
Oh, no. I could never!
P: You should give it a shot!（やってみなくちゃ！）

★ 日本人はよく，この「恥ずかしい」を和英辞書などで調べて I'm ashamed と訳すことがありますが，これは何か特に恥ずかしいことをしてしまった時以外にはあまり使いません。例えば，I'd be too ashamed to talk to him と言うと，以前彼に何か悪いことをしてしまっていて，もう合わせる顔がない，という感じになります。それと比べると，I'd be too embarrassed to do that の方が，日本語のニュアンスに近いのですが，これも日本語の「恥ずかしい」ほどは頻繁に使わず，上の表現以外にも，**Oh, no way! I couldn't!**, **I'm way too shy to do that**, **I'd just die（if I ...）**！などのような表現がよく使われます。

●───謙遜する　◎53

130
P: Your English is so good, you're almost bilingual.
Y: ♥そんなにうまくないよ。
Oh no, I'm not that good.
P: You seem really good to me.

131
P: Are you the star of the soccer club?
Y: ♥そんなことないよ。
Oh no, not at all.
P: Well, I'm sure you are quite good.

★ ほめられて謙遜する時は，上のように言ったり **It's not like that at all** などと言ったりしますが，日本人と比べて，特にアメリカ人の中には謙遜したがらない人も多く，上のような場合なら，I guess you could say that と言ったり，Yes, I am the ace of the team

と言ったりすることもあります。アメリカでは，日本のように謙遜することが常識ではないからです。

●───羨ましがる　◎54

132
P：I get to visit Palau next month.（来月パラオに行ける）
Y：♥いいな〜。
　　That sounds great.
P：Yeah, I'm looking forward to it.

★ **Lucky you** という表現もよく使います。日本語では，相手に対して羨ましい気持ちをこめて，「いいな〜」「羨ましいな」などとよく言いますが，この気持ちを I envy you で表そうとしないでください。I envy you という表現は，羨望というよりも嫉妬や妬みと受け止められることが多く，否定的な感情が混じった表現ですので，あまり使いません。envy は，相手と同じものが欲しいけれど，その相手には同じものを持っていてほしくはない（＝相手からそれを奪いたい）という意味さえ感じられるのです。

4．場面（チャットをする）

　ここには，チャットという場面（Situation）に特有な必須表現が集めてあります。最初の挨拶から最後に終わる時の表現まで，色々な場合の言い方を身につけてください。

■最初

●───挨拶　◎55

133
P：Nice to meet you.
Y：♥こちらこそ。
　　Nice to meet you too.
P：Please call me Dan.

134
P：How is the weather there?
Y：♥すごく悪いよ。
　　Terrible.
P：Sorry to hear that.

★ 天気についてのいろいろな表現をまとめておきます。
- Seasonal
    It's a nice spring [summer/fall/winter] day.
- Clear/Sunny
    It's great outside. / It's nice out. / Not a cloud in the sky.
- Cloudy
    It's a gray day. / It's overcast. / It's gloomy. / It's partly cloudy.
- Cold
    It's a little chilly. / It's freezing.
- Cool
    It's nice and cool. / There is a nice breeze.
- Warm/Hot
    It's nice and warm./It's a little hot. / It's really hot today.
- Heavy rain
    It's pouring. / It's raining cats and dogs.
- Light rain
    It's drizzling. / It's misting. / We're having showers.（にわか雨）

●────あらかじめ相手に配慮する　◎56

135
P : Hi there!
Y : ♥いま，チャットできるかなあ。
Are you free to chat right now?
P : Give me ten minutes and I'll be ready.（10分待ってくれたら，できるよ）

136
P : Are you still there?
Y : ♥ごめん，タイプするのが遅いんだよね。
I'm sorry my typing is so slow.
P : Oh, don't worry about it.

137
P : Are you free to chat right now?
Y : ♥あまり時間がとれないけど，いいかなあ。
I don't have much time to chat, is that okay?
P : Oh, of course! Just let me know when you have to go.

138 P：Is this your first time chatting?
　　　Y：♥そう，だから，私の言うことがわからなかったら，そう言ってほしいな。
　　　Yes. **Please tell me if you can't understand something I say.**
　　　P：Of course, but you're doing fine.

139 P：Shall we speak in English or in Japanese?
　　　Y：♥英語で話したいんだけど，いいかな？
　　　I'd like to speak in English. Is that okay with you?
　　　P：Sure! English sounds good!

●────相手の声が聞き取りづらい　◎57

140 P：Hello? Can you hear me?
　　　Y：♥声が聞き取りにくいなあ。
　　　I'm sorry, **I can't hear you well.**
　　　P：Let me check my microphone.

141 P：Is there a problem?
　　　Y：♥どうも声が遅れて届くなあ。
　　　There seems to be some lag in your voice.
　　　P：Hold on, let me check my settings.（ちょっと待って。設定を調べてみるから）

142 P：Is something wrong?（どうかしたの？）
　　　Y：♥音が時々途切れるなあ。
　　　Your voice is breaking up now and then.
　　　P：Really? Let me move my microphone.

143 P：Is there a problem?
Y：♥どうも雑音が多くて聞き取りにくいなあ。
There seems to be a lot of noise, and I can't hear you well.
P：Okay, hold on, I'll try to fix it.

■途中

●──適切な受け答えをする　◎58

144 P：Are you still there?
Y：♥うん，ちゃんと聞いてるよ。
Yes, **I am listening.**
P：Oh, okay. I couldn't hear you.

145 P：What does "Kaori" mean?
Y：♥特に意味はないんだけどなあ。
My name doesn't have any special meaning.
P：Oh, I see.

●──聞き取れない時　◎59

146 P：So how's your sister?
Y：♥今，何て言ったんだろう。
What did you just say?
P：Oh, I asked how your sister was.

★　丁寧に言うときは，前に I'm sorry をつけます。くだけた言い方としては，他に **Pardon?** とか **Sorry?** あるいは **What?** などが使われます。

★　最後の文で，現在形の is ではなく，過去形の was を使っているのは，質問そのものが，会話の中ですでに過去の質問となっているからです。最初に P が尋ねた時点では，how is your sister でも，Y の質問に対して答える時には，すでに過去に尋ねた質問と考えます。同様に，Would you like some tea?（お茶をいかがですか？）という質問に対して，What did you say?（何と言いましたか？）と聞き返された場合，I asked if you wanted some tea となります。

●───意味がわからない時　💿60

147
- P: Oops. Looks like I have to reboot!
- Y: ♥ reboot って，何だろう？
  What does "reboot" mean?
- P: It means I have to restart my computer.

148
- P: LOL! That's really funny.
- Y: ♥その略語って，どんな意味なんだろう？
  What does that acronym mean?
- P: Oh, it stands for Laughing Out Loud.

★ stand for ～は，「～を表す，意味する」という意味です。

149
- P: I'm a bit of a newbie.
- Y: ♥ニュービー？　それって，初めてここに来たってことかなあ。
  A newbie? **Does that mean** you are new here?
- P: Yeah, don't you use "newbie" in Japan?

150
- P: So are you taking university classes?
- Y: ♥悪いけど，ちょっとわからないな。
  I'm sorry, I didn't quite get that.
- P: I mean, are you a student?

●───どう言えばいいかわからない時　💿61

151
- P: What did you think of the video?
- Y: ♥なんて言ったらいいのかなあ。
  How can I say this?
- P: That bad?（そんなにひどかった？）

152
P: Do you mean Wednesday?
Y: ♥そうだけど，もっとうまい言い方があるのかなあ。
Yes, but **is there a better way to say what I just said?**
P: Well, we would usually say "the day after tomorrow."

● ──**英語について聞く**　◎62

153
P: It is as easy as pie.
Y: ♥その表現って，よく使われるのかなあ。
Is that phrase you just used a common one?
P: Yes, we use it when something is very easy to do.

154
P: We will find out the result tomorrow.
Y: ♥find と find out って，どう違うのかなあ。
By the way, **what's the difference between** "find" **and** "find out"?
P: We find things but find out information.

● ──**自分の英語について聞く**　◎63

155
P: Your English is fairly good.
Y: ♥私の英語のどこを良くしたらいいのか，教えてもらいたいな。
Could you tell me where my English needs improvement?
P: Sure. I'll let you know if I notice something.

156
P: Japanese students usually mix up their "r" and "l" sounds.
Y: ♥私の発音にはどんな問題点があるのかなあ。
What do you see as the weak points in my pronunciation?
P: Sometimes your vowel sounds are a little unclear.（母音が少しはっきりしない時があるね）

● ──── **こちらの事情を理解してもらう**　◎64

157
- P：Good morning!
- Y：♥こんにちは，今回初めてだから，もしなにか間違えたら教えてほしいな。
  Hi. **This is my first time here, so please tell me if I make any mistakes.**
- P：Okay, and please tell me if I'm talking too fast!

158
- P：Have you ever used this chat program before?
- Y：♥悪いけど，慣れてないから，返信が遅れてしまうかもしれないな。
  Sorry. I'm not used to it yet, so my replies may be slow.
- P：No problem, take your time.

159
- P：Can I have your email address?
- Y：♥それはいいけど，あまりメールできないだろうなあ。
  Sure, but **I probably won't be able to email very often.**
- P：That's okay, I have a busy schedule too.

● ──── **チャット中の出入り**　◎65

160
- P：I'm back!
- Y：♥おかえりなさい。
  Welcome back!
- P：Good to be back!

161
- P：So I really liked the pizza better there.
- Y：♥それよりお風呂に入らなきゃ。まだいるつもりなら後でまた来よう。

Well, I'm afraid I have to take a bath. **I'll be back later if you'll still be around.**
P : Sure! Have a nice bath!

162 P : I had a wonderful time in Italy! Do you like Italian food?
Y : ♥あ，ちょっと待ってもらおう，すぐ戻るから。
Hold on a minute, I'll be right back.
P : Sure, no problem.

163 P : So, do you like pizza?
Y : ♥悪いけど，少し席をはずさなくちゃいけないんだ。
Sorry, **I need to be AFK for a little bit, okay?**
P : Sure, no problem. I'll be here.

164 P : Is it the rainy season there?
Y : ♥まだだよ。ちょっと悪いけど，トイレに行かなくちゃ。
No, not yet. Sorry, **I need to take a quick bio break.**
P : Okay.

★ この表現は「トイレ休憩」という感じで，チャットや会議などでよく使われます。ちなみに「トイレ」については，toilet を使うことはあまりなく，婉曲的に家では bathroom，公共の建物などでは restroom がよく使われますが，実際にはもっと婉曲的に，I'll be right back（すぐ戻ります），I'll be away for a little bit（ちょっと席をはずします）などとだけ言うこともあります。

165 P : Is there a problem?
Y : ♥音が聞こえにくいから，一度切ってやり直すけど，いいかな。
I can't hear you well, so I'm going to hang up and try again, okay?
P : Okay, I'll wait for your call.

◉────断りたい時　◎ 66～70

① メールアドレスを聞かれた　◎ 66

166
P : Can I have your email address?
Y : ♥いまのところは，チャットだけにしたいなあ。
　　For now, I'd rather just stay in chat.
P : Oh, okay.

② 写真を見せて，と言われた　◎ 67

167
P : Can you send me a picture of yourself?
Y : ♥悪いけど，チャット相手と写真交換はしたくないんだよね。
　　I'm sorry, **I'd rather not exchange pictures with my chat partners.**
P : I guess I can understand that.

168
P : Do you have any photographs you could send me?
Y : ♥写真撮られるの嫌いなんだよね。
　　I don't really like to have my picture taken.
P : Oh, I see.

③ 会いたい，と言われた　◎ 68

169
P : I'm coming to Japan next week and would love to meet you!
Y : ♥悪いけど，いまのところ直接会うのはどうもね。
　　Oh, I'm really sorry but **I wouldn't feel comfortable meeting in person right now.**
P : Oh, okay, I understand.

★　in person は，手紙で済ませたり，他の人に頼んだりするのではなく，自分がじかに出かけていって何かをする時に使います。
（例）Do I have to apply in person?（自分で申し込みに行かなければなりませんか？）

④他の人からプライベートチャットを申し込まれた　◎69

170
P：Hi! Want to chat?
Y：♥今はプライベートチャットができないんだよね。
I'm sorry, **I can't do a private chat right now.**
P：Okay, sorry to bother you.

★　ほとんどのチャットプログラムでは，プライベートチャットの申し込みは画面上に示されますので，chat の申し込みといえば，private chat のことになります。

171
P：Hi, would you like to chat?
Y：♥悪いけど，いま他の人とチャットしてるんだよね。
I'm sorry, **I'm chatting with someone else right now.**
P：Oh, no problem.

⑤ボイスチャットを申し込まれた　◎70

172
P：Hi! Would you like to voice chat?
Y：♥悪いけど，人が周りにいるから，ボイスチャットはできないんだよね。
I'm sorry, **there are some other people around**, so I can't voice chat.
P：Okay, maybe some other time.

◎──パソコンについて　◎71～74

①画面　◎71

173
Y：♥ボイスチャット画面の使い方を教えてもらいたいなあ。
Could you teach me how to use the voice chat window?
P：Sure, no problem.

★　teach と tell は似ている動詞ですが，一般的に teach は，より多くの段階が伴うような複雑な事柄に対して使われ，tell はより簡単な情報について使われます。ですから，Tell me where the file is となり，Please teach me how to use Excel となります。一方で，簡単でもないし，かといってそれほど複雑でもない事柄に関しては，どちらの動詞を使っても間違いではなく，例えば，Please teach me how to download a file とも，Please tell me how to download a file とも言います。

Ⅰ．基本的な表現を身につけよう

147

174 Y：♥顔が見えないなあ。
  □　**I can't see you.**
  P：Oh, let me check the settings.

175 Y：♥画像が見えないなあ。
  □　**I can't see the image.**
  P：Oh, I wonder if the link is broken.

176 Y：♥画面の右下を見てもらおう。
  □　**Look in the lower right-hand corner of the screen.**
  P：Oh, okay. Now I can see the clock.

★　画面の真ん中を見て：Look **right in the center** of the screen.（この right は，「右」ではなく「ちょうど」）
　　左上　：Look in the **upper left-hand corner** of the screen.
　　右上　：　　　　　**upper right-hand corner**
　　左下　：　　　　　**lower left-hand corner**
　　上中央：　　　　　**upper middle part**
　　下中央：　　　　　**lower middle part**

177 Y：♥とりあえず，画面を最小化してもらおう。
  □　**Minimize that window for now.**
  P：All right.

★　window は，プログラムの表示領域のことで，page は，その領域の中で見るページです。ウィンドウを最小化するということは，例えば IE（インターネット・エクスプローラ）の画面を下に隠してしまって，デスクトップの画面にするということです。

178 Y：♥上の動画が小さすぎるよ。
  □　**The animation above is too small.**
  P：You should be able to make it full screen.（画面いっぱいにできるはずだよ）

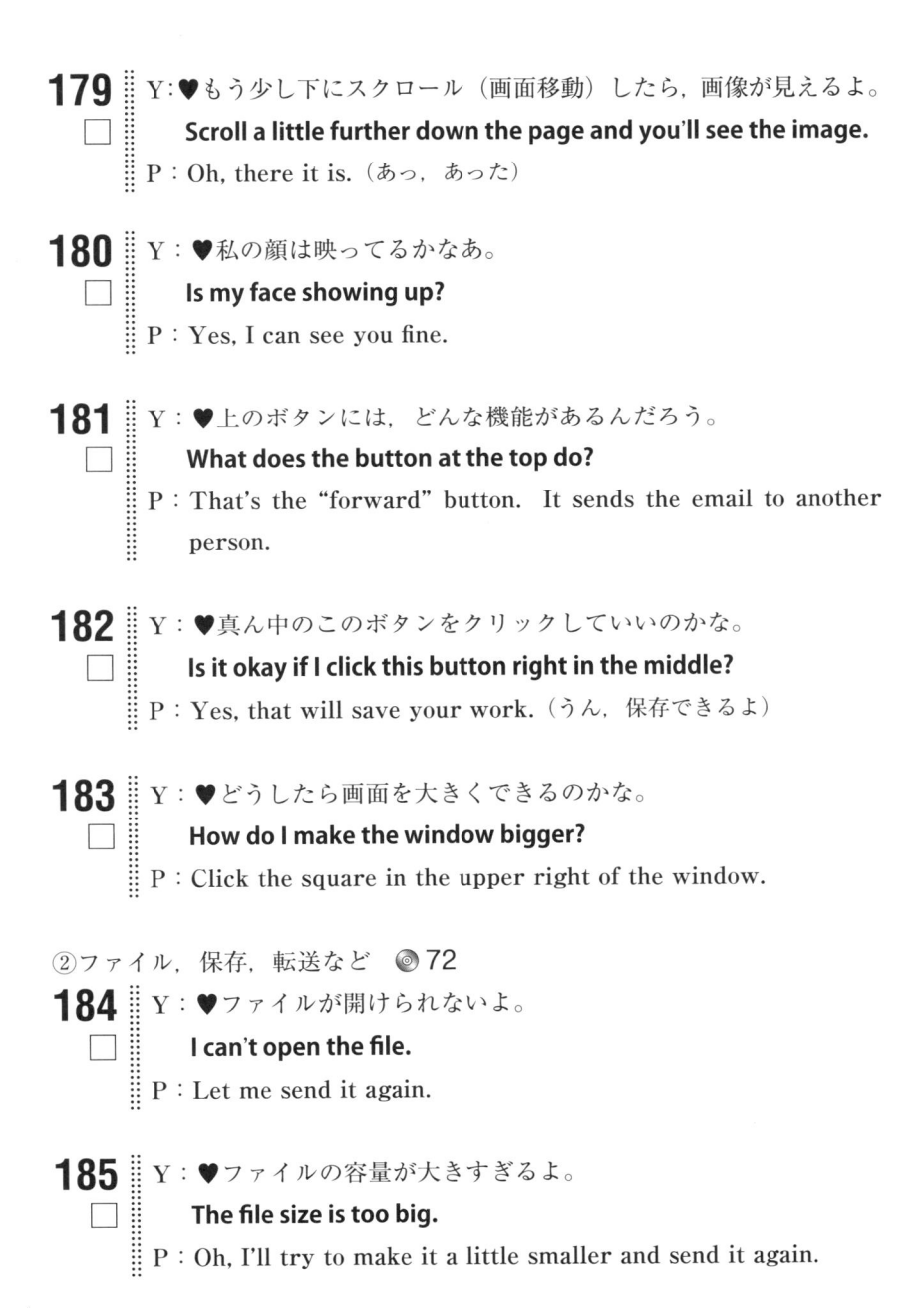

179 Y：♥もう少し下にスクロール（画面移動）したら，画像が見えるよ。
Scroll a little further down the page and you'll see the image.
P：Oh, there it is.（あっ，あった）

180 Y：♥私の顔は映ってるかなあ。
Is my face showing up?
P：Yes, I can see you fine.

181 Y：♥上のボタンには，どんな機能があるんだろう。
What does the button at the top do?
P：That's the "forward" button. It sends the email to another person.

182 Y：♥真ん中のこのボタンをクリックしていいのかな。
Is it okay if I click this button right in the middle?
P：Yes, that will save your work.（うん，保存できるよ）

183 Y：♥どうしたら画面を大きくできるのかな。
How do I make the window bigger?
P：Click the square in the upper right of the window.

②ファイル，保存，転送など　◎72

184 Y：♥ファイルが開けられないよ。
I can't open the file.
P：Let me send it again.

185 Y：♥ファイルの容量が大きすぎるよ。
The file size is too big.
P：Oh, I'll try to make it a little smaller and send it again.

186
Y：♥添付で送ってもらおう。
Please send that as an attachment.
P：Sure thing.

★ Sure thing は「いいとも」、「もちろん」と同意する表現です。

187
Y：♥デスクトップにファイルを保存したよ。
I saved the file on the desktop.
P：Good, that will be easy to find.

188
Y：♥ URL をコピペしなきゃだめだよ。
You'll need to **copy and paste** the URL.
P：Okay.

★ 日本語で言う「コピペ」は、英語では copy and paste と表現します。これは紙から文字や絵を切り取り（cut）、他のものに貼り付ける（paste）という動作に由来する表現で、切り取るのではなく、コピーして貼りつける場合でも、昔からの表現である cut and paste を使う人がたくさんいます。

189
Y：♥送ってくれたページをお気に入りに入れたよ。
I bookmarked that page you sent me.
P：Glad you liked it!

★ この場合の bookmark は名詞ではなく、自分が気に入ったサイトのアドレスを保存しておく、という動詞です。インターネット・エクスプローラーでは、adding a page to your favorites（お気に入りに加える）とも言いますが、一般的には bookmark を動詞として使います。

190
Y：♥そのメールをスコットに転送してもらえるかなあ。
Could you forward that email to Scott?
P：Sure.

191
Y：♥ダイアナとミナにも同じものを送っておくけど、いいかな。
I'm going to send a CC to Diana and Mina, okay?
P：Sure, they should see the email too.

★ CC は Carbon Copy の略で，カーボン紙を使って手書きの写しを送っていたころの表現がもとになっています。現在では，To で指定しているアドレス以外の人々にも同時に同じメールを送る時に使います。cc と小文字で書く場合もあります。

192 Y：♥そのサイトを使うためには，登録が必要だって教えてあげよう。
You need to register before you can use that website.
P：Okay, give me a minute then.

193 Y：♥マックでもこのソフト使えるのかなあ。
Can I use this program on a Mac?
P：It shouldn't be a problem.

③調子が悪い　🔘 73

194 P：Is there a problem?
Y：♥パソコンの調子が悪いなあ。
Something is wrong with my computer.
P：Oh? What's the matter?

★ 英語母語話者は，自分のコンピュータを擬人化して話すことがあります。ですから，コンピュータがうまく作動しない時には上のような言い方以外に，acting up（子どもが頑固で言うことを聞かない時に使うフレーズ）と表現したり，misbehaving, acting funny などと言ったりします。

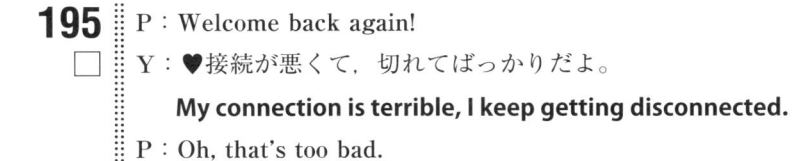

195 P：Welcome back again!
Y：♥接続が悪くて，切れてばっかりだよ。
My connection is terrible, I keep getting disconnected.
P：Oh, that's too bad.

196 P：Are you still there?
Y：♥あれ，バッテリーが切れそうだよ。
Whoops, **my battery is dying.**
P：Uh oh, you'd better log off.（接続を切った方がいいよ）

★ log off は，ふつうコンピュータの電源を切ることを言い，プログラムを終える時は log out を使います。これは，それぞれ We are on the computer（コンピュータに向かっている）と We are in the program（プログラムに入っている）の逆だからです。

197
P：You vanished for a minute. What happened?
Y：♥コンピュータが全然動かなくなっちゃった！
My computer crashed!
P：I hate when that happens!

★ コンピュータの問題に関する表現はたくさんあります。freeze up や lock up は，プログラムやコンピュータが，何をしても反応しない状態を意味します。crash や die は，プログラムが完全に消えたり，コンピュータが全く動かなくなった状態を意味します。例えば，Skype crashed on me は，スカイプが突然止まり，画面が消えてしまったことを意味します。

④ 操作を間違えた　◎74

198
P：What happened?
Y：♥変なボタン押しちゃった！
Oops, **I pressed the wrong button!**
P：Which one?

199
P：Where did you go?
Y：♥間違ってログアウトしちゃった！
Sorry, **I logged out by mistake!**
P：No problem, welcome back!

200
P：What happened?
Y：♥エラーメッセージが出ちゃった！
Oh, **I got an error message.**
P：What did it say?（何て書いてあったの？）

■最後

● ──チャットを終わりたい時　◎75

201
P : ... And my sister wants to be a police officer.
Y : ♥悪いけど，もうそろそろ終わらなくちゃ。
I'm really sorry, but I have to go.
P : Thanks for chatting with me!

★　日本語では，このような場合「もう行かなくては」とは言いませんが，この場合の英語の go は，go away from the computer という意味で使っています。

202
P : Can you stay online much longer?
Y : ♥今からやらなきゃいけないことがあるけど，またいつかチャットしたいな。
Actually, **I've got some things I have to do, but I hope we can chat again sometime.**
P : I hope so too! I'll look for you.

★　この場合，I've got some things I have to do の have to は，「チャットをやめたくはないけれど，どうしてもやめなくてはいけない」という残念な気持ちを強調する役割がありますので，丁寧に言いたい場合にはこの have to は重要です。

● ──締めくくりの言葉　◎76

203
P : I hope you enjoyed yourself!
Y : ♥予想以上に楽しかったな。
Oh, yeah, **I enjoyed** chatting more than I expected.
P : Great. And don't worry. It'll be easier next time.

204
P : I had fun chatting!
Y : ♥これからもお付き合いが続くといいな。
I hope we can keep in touch.
P : Of course! If you give me your email address, I'll write.

205 P: Thanks for giving me your email address!
　　　Y: ♥あなたからのメールが楽しみだな。
　　　　I'll be looking forward to your email.
　　　P: I'll write soon!

206 P: Thanks for the chat!
　　　Y: ♥またいつかチャットしようね。
　　　　Let's chat again sometime.
　　　P: Yes, I'd love to!

★　会話を終わる直前の表現としては，次のようなものがあります。
・Bye!
・Take care!
・See you around!
・Sleep tight!（今から寝る相手に対して）
・Catch you later!
・I had fun!
・Take it easy!
・OK. I'm out.（I'm out of here.）
・Have a nice day［evening］.（相手の夕方までの表現）

II. 話題を増やそう

　ここまでで，基本的な概念，機能，感情，それにチャットという場面に特有な必須表現が確認できました。こうした表現が反射的に出てくるようにすれば，日常会話の簡単な受け答えに困ることはあまりないと思います。しかしこれだけでは，いわば器が用意できたというだけです。器だけでは食事にならないのと同じように，会話を楽しむには，その器に入れる料理，つまり中身が必要なのです。会話の中身というのは，自分の身の回りの事実や出来事，日本のこと，そして色々な話題についての自分の意見のことです。その中身が多ければ多いほど，話が弾みますし，話を楽しむことができるのです。

■**自分のこと**　◎77〜83

　まず，初めて出会った人とお互いに自分のことについて話せるようにしましょう。その場合，自分から積極的に質問してみるようにすると話が弾みます。「(私の方は〜ですが)，あなたは〜ですか？」などと次々に質問すれば，それだけで会話を続けることができます。それに，こちらから質問した方が，相手の英語が聞き取りやすくなります。なぜなら，相手の言うことは自分の質問への答えですので，どんなことを言っているのか推測しやすいからです。ただし，いつも質問してばかりいては，あつかましい，いやな印象を与えてしまいます。次に挙げるような項目については，相手 (P) の表現を参考にしたり，表現集 (☞ p.21) にまとめたりして，同じような質問を自分にされても，自分のことが言えるようにしておきましょう。

　それでは，チャットでよく出る質問と，その答え方をおさらいしておきましょう。

◉────**基本的な情報**　◎77

207　Y：♥なんて呼んでほしいのかな？
　　　　What would you like to be called?
　　　　P：Please call me Steve.

208　Y：♥どこに住んでいるのかな？
　　　　Where do you live?
　　　　P：I live in India.

★　Where are you from? と聞く場合もありますが，これは，「出身／生まれた土地」を聞いている (Where were you born?) のか，今住んでいる土地を聞いている (Where do you live now?) のかはっきりしません。

209　Y：♥この人，どんな仕事してるのかな？
　　　　What kind of work do you do?
　　　　P：I work at a law firm.

★ このあたりまでは聞いても失礼ではありませんが，相手があいまいに答えているのに，さらに詳しく聞こうとしたり，How much money do you make? などと聞いたりするのは，もちろん失礼です。

210 Y：♥この人はどんな性格の人なんだろう？
How would you describe your character?
P：I think I am a hard worker.

★ 鉛筆で描くのが draw，絵の具で描くのが paint，言葉で描くのが describe です。

●——友達　●78

211 Y：♥友達は多いのかな？
Do you have a lot of friends?
P：I have a few good friends.

212 Y：♥友達とは普段どんなことをしているのかな？
What do you usually do with your friends?
P：We usually just hang out.（ただぶらぶらしているだけだよ）

213 Y：♥友達とは普段どんなことを話しているのかな？
What do you usually talk about with your friends?
P：Oh, just about anything. Sports, music, you know.

★ 上の例のように最後につける you know は，よく知られたことについて同意を求めたり確認したりする感じで使われます。この場合は，「（それ以外にも…）ね，わかるよね？」という感じです。

●——飲食物　●79

214 Y：♥普段は，朝ごはんに何を食べるのかな？
What do you usually have for breakfast?
P：I usually just have some cereal.

215 Y：♥日本食は食べたことあるかな？
Have you ever tried Japanese food?
P：Oh yes, I like sushi.

216 Y：♥好きな日本食は何かな？
What's your favorite Japanese food?
P：I like teriyaki chicken.

217 Y：♥嫌いな日本食はあるのかな？
Are there any Japanese foods you don't like?
P：I don't really like eel.

★ really の位置に注意してください。上の例は not が really を否定しているので，really like というわけではない，つまり「あまり好きじゃない」という感じですが，I really don't like eel となりますと，「ほんとに嫌いだ！」という感じになって，少しぶしつけな感じさえします。

218 Y：♥刺身は食べられるかな？
Can you eat raw fish?
P：I don't like it.

219 Y：♥料理は上手かな？
Are you a good cook?
P：I can make some simple dishes.

220 Y：♥コーヒーとお茶では，どちらがいいのかな？
Which do you prefer, tea **or** coffee?
P：Coffee.

221 Y：♥お酒は飲むのかな？
Do you drink?
P：No, not often.

★ drink だけで,「お酒を飲む」という意味を表すことがあります。
（例）Don't drink and drive.（飲んだら乗るな）

◉────生活　◎80

222 Y：♥普段，夜は何をするのかな？
What do you usually do in the evening?
P：I usually watch TV and relax.

223 Y：♥週末や休日には，普通は何をするのかな？
What do you usually do on weekends and holidays?
P：I usually work around the house.

★ work around the house は，日本語の「家のことをする」と同様，漠然と家事全般をすることです。

224 Y：♥健康を保つために何か特別なことをしてるのかな？
Do you do anything special to keep healthy?
P：I try to jog once or twice a week.

225 Y：♥普段はシャワー？ それともお風呂？
Do you usually **take a shower or a bath?**
P：I shower every morning.

226 Y：♥通学にどれくらいかかるのかな？
How long does it take you to go to school?
P：About half an hour.

227 Y：♥何かペットを飼っているかな？
Do you have any pets?
P：Yes, I have two dogs.

228 Y：♥どれくらいパーティーに行くのかな？
How often do you go to parties?
P：Oh, not that often.（それほど行かないよ）

★ not ... that ... は，日本語の「それほど〜ではない」にあたる表現です。
（例）I'm not that tired.（それほど疲れてないよ）

229 Y：♥ボランティア活動はしてるのかな？
Do you do any volunteer work?
P：Not recently, no.

230 Y：♥ボランティア活動でどんなことを学んだのかな？
What did you learn from volunteer work?
P：I learned a lot about other cultures.

231 Y：♥週何時間ボランティア活動に費やすのかな？
How many hours a week do you spend on volunteer work?
P：Not a lot.（大してしてないよ）

● ──所属先 ◎ 81

232 Y：♥大学では，何を専攻しているのかな？
What's your major in college?
P：Communication.

233 Y：♥ボーナスは毎年出るのかな？
Do you get a bonus every year?
P：I wish!（だといいけど！）

234 Y：♥どんな会社に勤めているのかな？
What kind of company do you work for?
P：An electronics company.

Ⅱ．話題を増やそう

235
Y：♥仕事は楽しいのかな？
Do you enjoy your job?
P：It's alright, I suppose.（まあまあ，ってとこかな）

★ alright というつづりは，always とか already などに合わせて生まれたもので，現在では広範囲に使われます。しかし公式な手紙や書類などでは，本来の all right の方がよく使われています。

★ ここでのalright[all right]は「特にすばらしいというわけではないが，まあまあ満足できる」というニュアンスで使われています。**OK [okay]** も同じような意味で使われます。
（例）How's the food? – It's okay, but I like my mother's cooking better.

★ I suppose や I guess は，I think と同様に，「私はそうだと思うが，完全に確信があるわけではない」という感じで断定を和らげるためによく使われます。違いは，I think と比べて I suppose や I guess は「多分そうだと思う」といった感じで確信の程度が少し低くなることと，I guess がアメリカ英語でよく使われることです。

◉──趣味　◎82

236
Y：♥どんな音楽が好きなのかな？
What kinds of music do you like?
P：I like rock music.

★ What kinds of ... と複数形を使うか，What kind of ... と単数形を使うかは，話し手が複数の答えを予想しているかどうかの違いです。
What kind of books do you like to read?
What kinds of movies do you like?

237
Y：♥よく音楽をダウンロードするのかな？
Do you often download music?
P：Well, sometimes.

238
Y：♥最近何か面白い本を読んだかな？
Have you read any interesting books **recently**?
P：Yes, I just read a book about Ichiro.

239
Y：♥映画はよく観るのかな？
Do you often watch movies?
P：Maybe once a month or so.

240
Y：♥どんなスポーツが一番好きなのかな？
What sports **do you like the best?**
P：I love football.

★ この場合は，一番好きなものを聞いていますので，答えは好きだということを強調できるものが望ましく，like ではなく love を使っています。like そのものはありふれた言葉ですので，響きが弱く，例えば相手が I like Japanese food と言っても，嫌いというわけではないが，特に好きというわけではないかもしれません。失礼にならないように，まあ好きだと言っておこうという程度の場合もあります。最後のセリフで like を使うなら，I really like football などと，like を強める形になるでしょう。

241
Y：♥好きなサッカーチームはどこかな？
What's your favorite soccer team?
P：My favorite team is the Grampus Eight.

242
Y：♥日本語の勉強を始めてどれくらいになるのかな？
How long have you been study**ing** Japanese?
P：About two years now.

243
Y：♥どうして日本語を勉強しているのかな？
Why are you studying Japanese?
P：I want to be able to read my favorite manga in Japanese!

● 結婚・家族　◎83

244
Y：♥どんな人と結婚したいのかな？
What kind of person would you like to marry?
P：Someone with a good sense of humor.

245
Y：♥奥さんは，どんな人なのかな？
What is your wife **like?**
P：She works hard, but also loves to relax.

246 Y：♥結婚してどれくらい経ったのかな？
How long have you been married?
P：Almost 10 years.

■日本について ◎84〜86

外国の人と話をしていると，よく日本のことを聞かれます。次のような質問には，うまく答えられるようにしておきましょう。

●───地理情報 ◎84

247 P：How large is Japan?
Y：♥ドイツよりも少し大きくて，カリフォルニア州よりも少し小さい。
It's a little larger than Germany and slightly smaller than the state of California.
P：Wow, that's smaller than I thought.

248 P：What's the population of Japan?
Y：♥約1億3千万人。
It's about 130 million.
P：Really? I thought it was more than that.

●───文化情報 ◎85

249 P：What's the biggest holiday in Japan?
Y：♥お正月。
It's New Year's Day.
P：Really? Here in England it's Christmas.

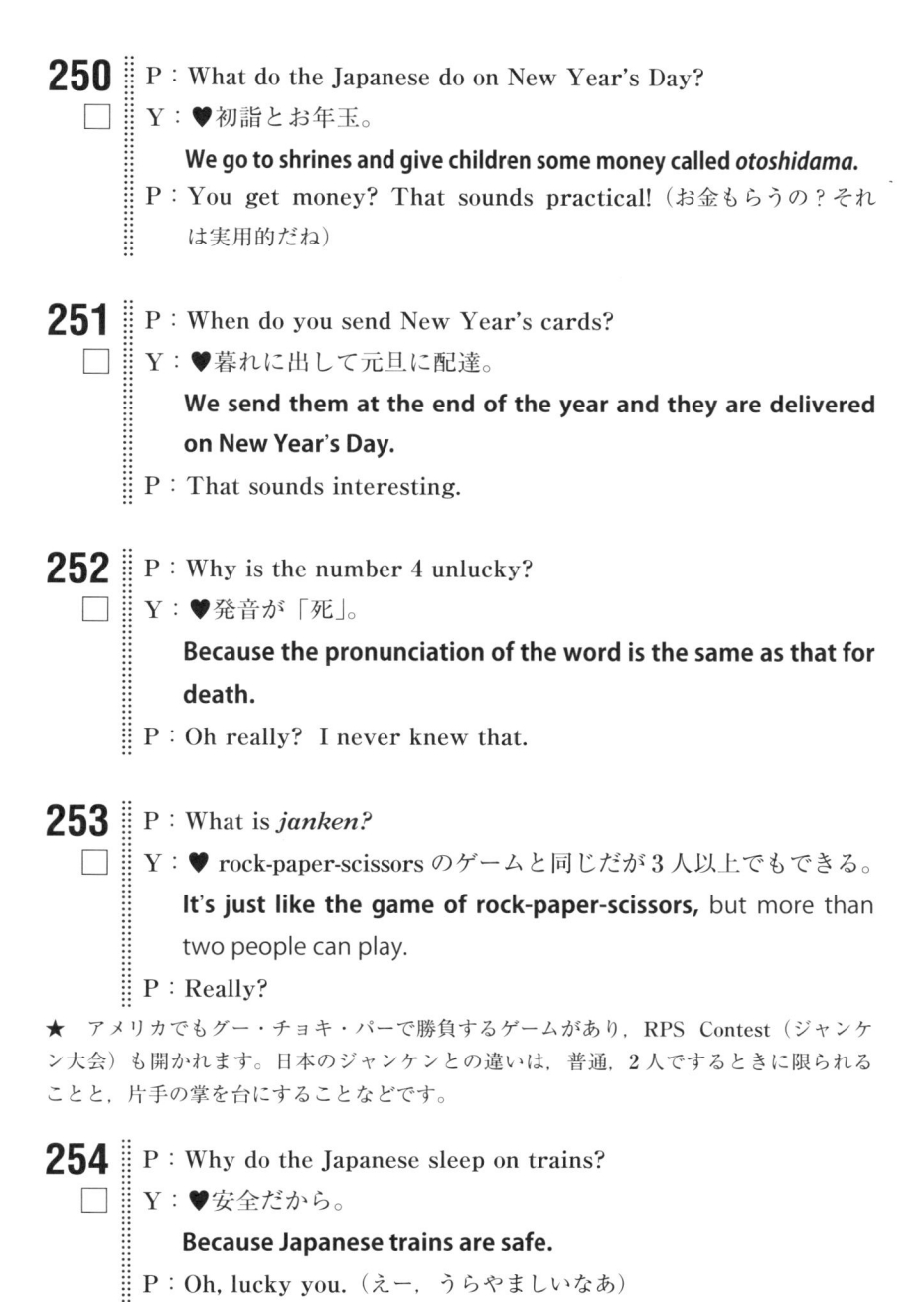

250
P : What do the Japanese do on New Year's Day?
Y : ♥初詣とお年玉。
We go to shrines and give children some money called *otoshidama*.
P : You get money? That sounds practical! (お金もらうの？それは実用的だね)

251
P : When do you send New Year's cards?
Y : ♥暮れに出して元旦に配達。
We send them at the end of the year and they are delivered on New Year's Day.
P : That sounds interesting.

252
P : Why is the number 4 unlucky?
Y : ♥発音が「死」。
Because the pronunciation of the word is the same as that for death.
P : Oh really? I never knew that.

253
P : What is *janken*?
Y : ♥ rock-paper-scissors のゲームと同じだが3人以上でもできる。
It's just like the game of rock-paper-scissors, but more than two people can play.
P : Really?

★ アメリカでもグー・チョキ・パーで勝負するゲームがあり、RPS Contest (ジャンケン大会) も開かれます。日本のジャンケンとの違いは、普通、2人でするときに限られることと、片手の掌を台にすることなどです。

254
P : Why do the Japanese sleep on trains?
Y : ♥安全だから。
Because Japanese trains are safe.
P : Oh, lucky you. (えー、うらやましいなあ)

255

P : Why are the Japanese interested in blood types?
Y : ♥血液型で 性格が決まると思っているから。
Because many Japanese believe blood types determine an individual's personality.
P : Really? That sounds a little like star signs in my country.

★ 欧米では，多くの人が自分の血液型を知りません。まして，血液型による相性とか，性格の違いとかが話題になることはほとんどありません。その代わりとなるのが誕生日によるstar signs（星座）で，それによって性格や運命が決まると考える人もいます。

256

P : Why can the Japanese graduate from universities without studying?
Y : ♥入るのは難しいけど，出るのは簡単。
Because while it is difficult to enter Japanese universities, it is easy to graduate.
P : That sounds nice--my university is really hard!（それはいいね。僕の大学なんてほんとに厳しいよ）

257

P : What sports are popular in Japan?
Y : ♥野球とサッカー。国技の相撲もまだ人気がある。
Baseball and soccer are very popular. Our national sport, Sumo wrestling, also remains popular.
P : Oh, I love baseball too!

次の3つのダイアログは，話題を増やすために自分で表現集（☞ p.21）を作って覚えておくような表現の例として，最後に加えておきました。こういうまとまった考えをあらわす表現は，ただの丸暗記ではなかなか覚えられないものです。覚える前に自分の心が動いたことが大切なのです。

社会情報（長文） 86

258
P: What is the role of the Imperial Family in Japan?（日本の皇室の役割は？）
Y: ♥象徴で政治力はなく，儀式を行うだけ。
The Emperor is just the symbol of Japan and has no power in the government. He only performs some ceremonial acts.
P: Oh, like the Queen of England.

259
P: Why do the Japanese live so long?
Y: ♥理由は色々あるけど，保険が普及していてアメリカ人の3倍お医者さんにかかることと，食事が低カロリー，低コレステロール，ってとこかな。
Well, I think there are many reasons. **Almost everyone has health insurance, so Japanese go to see their doctors three times more often than Americans do. Also, the Japanese diet is low in calories and cholesterol.**
P: I want to try some Japanese food!

260
P: Why do the Japanese like cherry blossoms?
Y: ♥春に咲くから始まりの象徴で，はかない美しさが人生に通じるからだよ。
First, the cherry blossoms come in spring and so are a sort of symbol of a new beginning. Also, they last only a short time, so they seem beautiful but temporary. It reminds us of the grace and fragility of life.
P: Wow. That sounds very interesting.

さまざまな話題について，こうした表現が増えてくればくるほど会話が楽しくなります。あとは皆さんの日常的な心構え次第です。自分だけの表現をどんどん増やして，英語コミュニケーションを思う存分楽しんでください。

おわりに

◆今まで日本人の英語運用能力が極めて低かったのは，「入試用の英語」だけを「勉強」してきたからです。入試用の英語は，読んだり聞いたりという受信中心で，書いたり話したりという発信には役に立ちませんでした。それに入試が終われば，だれも勉強などしたくなくて，せっかく覚えた英語もどんどん忘れてしまいました。しかしそれは，コミュニケーションをしようにも相手がいない状況では無理もないことでした。今までのような日本の言語状況では，英語運用能力が極めて低いのは当然のことだったのです。

ところが今世紀になって言語状況は激変しました。インターネットが急速に普及したおかげで，いつでも，どこでも，ほとんど無料で，世界中の人たちと英語で「本物のコミュニケーション」が「楽しめる」ようになったのです。大学の授業で，そうした楽しみ方を知って習慣化できた学生は，運用能力が飛躍的に伸びてきて，教えた私達自身が驚いているほどです。英語教育の世界でも，最近ATALL（Autonomous Technology-Assisted Language Learning）という言葉を目にするようになりましたが，まさにこうしたテクノロジーのおかげで，先生や教科書を離れても，自律的にどんどん学習を進められる時代を迎えたのです。それなのに，この画期的な方法を実践している人はまだほんの僅かで，多くの人は未だに入試や検定試験のためだけの「勉強」をしたり，高い授業料を払って英会話学校に通ったりしています。

そこで，一人でも多くの方に，この新しく生まれた画期的な方法を実践してもらいたいという思いから本書が誕生しました。皆さんがCDの訓練で自信をつけ，豊富な話題で外国の人たちとのコミュニケーションを楽しみながら，やがて，世界が直面するさまざまな課題の解決に向けて共に学び，行動できるような地球市民になっていただきたいというのが，本書を執筆した私たち4人の共通した願いです。

（松本青也）

◆ Before the days of the Internet, it was fairly easy to never speak to someone who used a different language than you. Thanks to the Internet, the world is becoming much smaller and interactions with people who use different languages becomes not only common but nearly unavoidable. I've been happy to see Americans trying to learn Japanese and other languages online and trying to communicate with people from other countries in their own languages. There's so much promise in this new technology, as well as new risks and challenges. The keys to Internet communication in any language are patience, flexibility, self-confidence and a sense of humor. Those will help much more than perfect grammar or a large vocabulary. The four authors of this book have hoped to give readers a wide supply of resources to make their Internet experience enjoyable and rewarding, and we hope that you'll find it useful in your explorations of the very large world of the World Wide Web. (Jennifer McGee)

◆ The technology of communication has changed so much over the last twenty years. The start of the Internet age led to the World Wide Web and now to "Web 2.0." The changes have made it much easier to communicate with people all over the world. We can now speak easily and freely with people in other countries. We can send information to people on the other side of the Pacific Ocean in seconds! We can watch videos made by people all around the world without leaving our computer. It does really seem that the world gets smaller every day. Because of these changes, both the chance and the need to communicate with people from other countries have become greater. As the world gets smaller, we see people from other cultures and nations more often. If we do not understand them and if they do not understand us, we will have more problems. If, however, we can talk freely and share our lives and our experiences with everyone, then we have a chance to enjoy each other's company. It is the hope of the four authors of this book that you have a wonderful experience meeting other people on the Internet.

（Dan Molden）

◆本書は，インターネットを利用すれば，いくらでも英語を話せることがわかっていながら，なかなか踏み出せない人たちのために書かれました。以前，大学で有料のオンライン英語学習コースを開設したのですが，好きなだけ英語がしゃべれるからということで集まった受講生の半数以上が，実際には1年間の受講期間中，一度もボイスチャットに参加しませんでした。その原因を調査した結果，ボイスチャットに入りにくかったのは，「英語で話すことが不安」，「理解してもらえなかったら恥ずかしい」，「相手の言うことがわからなかったら申し訳ない」，「何を話したら良いかわからない」などという，英語力とは違う理由のためでした。この経験から，学習者自身のこうした問題を解消しなければ，何も始まらないことを痛感したのです。

　ダイアログには，実際にサイトを利用した英語学習者からの素朴な疑問や意見がそのまま反映されています。CDで練習をしてから，ほんの少し勇気を出して，英語で話しかけてみてください。そうすれば，たちまち世界中にたくさんの友達ができて，英語は単なる知識や試験科目の一つではなく，自分の気持ちや意見を世界に発信できる素晴らしいコミュニケーション・ツールであることが実感できるでしょう。そして，いつのまにか，本書で学習した表現だけでなく，自分らしい英語でコミュニケーションを楽しんでいることに気がつくでしょう。また，今回ご紹介したサイトも，どんどん多くの機能が追加され，さらに使いやすく進化しています。インターネットにある無限の可能性を，あなた自身の可能性に繋げていかれることを願っています。

（野口朋香）

◆最後になりましたが，本書の出版にあたり企画の段階から構成の決定まで大変お世話になった大修館書店編集部の北村和香子さん，そして本書の担当者として細部に至るまで実に貴重な提言をして下さった同編集部の佐藤純子さんのお二人に，心からお礼を申し上げたいと思います。ありがとうございました。

（著者一同）

編著者紹介

松本青也
（まつもと せいや）

米国コロンビア大学大学院修了（応用言語学修士），米国ハーバード大学客員研究員（1982-83）。現在，愛知淑徳大学コミュニケーション学部長・教授。文学博士。外国語教育メディア学会副会長・中部支部長（1999-2004）。著書に，『日米文化の特質』（研究社出版），*Sunshine English Course*（文部科学省検定英語教科書・共著・開隆堂出版），『コミュニケーション学入門』（共著・ナカニシヤ出版），『英語は楽しく学ぶもの』（朝日出版社）など。

著者紹介

ジェニファー・マギー
（Jennifer J. McGee）

米国ミネソタ大学大学院修了，コミュニケーション学博士。セント・クラウド州立大学講師を経て 1999 年来日。現在，愛知淑徳大学コミュニケーション学部准教授。主な研究分野はインターネット上の社会形成。著書に，*Communication Ethics, Media, and Popular Culture*（共著・Peter Lang Publications），*Women Public Speakers in the United States. 1925-1993: A Bio-Critical Sourcebook*（共著・Green Wood Press）など。

ダン・モルデン
（Dan T. Molden）

米国ミネソタ大学大学院修了，コミュニケーション学博士。1991 年全米ディベート大会で団体優勝。セント・クラウド州立大学講師を経て，現在，愛知淑徳大学コミュニケーション学部准教授。主な研究分野は修辞学（Rhetoric）とディベート。著書に，*Communication Ethics, Media, and Popular Culture*（共著・Peter Lang Publications），*Sunshine English Course*（文部科学省検定英語教科書・共著・開隆堂出版）など。

野口朋香
（のぐち ともか）

米国ウェストバージニア大学大学院修了，コミュニケーション学修士。名古屋大学大学院国際開発研究科（国際コミュニケーション専攻）博士後期課程単位取得満期退学。現在，岐阜医療科学大学専任講師。専攻分野はコンピュータを介したコミュニケーション（CMC）と英語教育。主な研究テーマは，英語教育におけるICTの活用と，それによる英語学習者の情意面の変容。

ネットで楽しく英語コミュニケーション
©Matsumoto Seiya, Jennifer J. McGee, Dan T. Molden, Noguchi Tomoka, 2009
NDC837／viii, 169p／21cm

初版第1刷──2009年10月20日

編著者	松本青也
著者	ジェニファー・マギー／ダン・モルデン／野口朋香
発行者	鈴木一行
発行所	株式会社 大修館書店
	〒101-8466 東京都千代田区神田錦町 3-24
	電話 03-3295-6231（販売部）／ 03-3294-2357（編集部）
	振替 00190-7-40504
	［出版情報］http://www.taishukan.co.jp

装丁者	井之上聖子
印刷所	広研印刷
製本所	ブロケード

ISBN978-4-469-24546-2 Printed in Japan

Ⓡ 本書の全部または一部を無断で複写複製（コピー）することは、
著作権法上での例外を除き禁じられています。